極寒のシベリアに生きる

トナカイと氷と先住民

高倉浩樹 編

新泉社

目次

第2章 トナカイ牧畜の歴史的展開と家畜化の起源

◈中田 篤

第3章 シベリアのロシア人

◈藤原潤子

II 寒冷環境と社会

III 先住民の言語と宗教

アメリカ合衆国
アラスカ
ベーリング海峡
セント・ローレンス島
北極海
チュコト半島
ベーリング海
アリューシャン列島
コリマ川
インディギルカ川
コマンドル諸島
メドヌイ島
ベーリング島
ヤナ川
カムチャツカ半島
オレニョク川
東シベリア
ヴェルホヤンスク山脈
レナ川
オイミャコン
ジガンスク
アルダン川
ヤクーツク
千島（クリル）列島
オホーツク海
シベリア
レナ川
樺太（サハリン）
アムール川
極東
コムソモーリスク・ナ・アムーレ
ハバロフスク
バム鉄道
ザバイカル地方
バイカル湖
アムール川（黒竜江）
ウスリー川
イルクーツク
松花江
山脈
満洲里
ハルビン
ナホトカ
ウラジオストック
フブスグル湖
ウランバートル
日本海
日本
北朝鮮
モンゴル人民共和国
大韓民国
太平洋
中華人民共和国

地図1
ロシア
広域地図
グリーンランド
ノルウェー
スカンジナビア半島
スウェーデン
フィンランド
バルト海
エストニア
ラトビア
リトアニア
サンクト・ペテルブルグ
ベラルーシ
モスクワ
シベリア鉄道
ウクライナ
ヨーロッパ・ロシア
ウラル山脈
ウラル地方
ヤマル半島
ギダン半島
タイミル半島
オビ川
サレハルド
ターゾフスキー半島
タルコ・サレ
エニセイ川
ロシア連邦
オビ川
トボリスク
チュメニ
アンガラ川
西シベリア低地
カフカス地方
ノヴォクズネツク
サヤン
グルジア
カザフスタン
カスピ海
アラル海
アルタイ山脈
アルメニア
アゼルバイジャン
トルクメニスタン
ウズベキスタン
キルギスタン
イラン
タジキスタン
アフガニスタン

クラスノヤルスク地方
タイミル郡(旧自治管区)
クラスノヤルスク地方
エヴェンキ郡(旧自治管区)
チュクチ自治管区
旧コリヤーク自治管区
カムチャツカ地方
マガダン州
サハ共和国(ヤクーチヤ)
➡地図3
ヤクーツク
クラスノヤルスク地方
シベリア
サハリン州
ハバロフスク地方
イルクーツク州
アムール州
ブリヤーチヤ共和国
旧ウスチオルダ・ブリヤート自治管区
バイカル湖
ザバイカル地方
沿海地方
ユダヤ自治州
トゥバ共和国
旧アガ・ブリヤート自治管区

地図2
シベリア
行政区分
サンクト・ペテルブルグ
モスクワ
ヨーロッパ・ロシア
ヤマル・ネネツ
自治管区
ハンティ・マンシ
自治管区
チュメニ州
オムスク州
トムスク州
ノヴォシビルスク州
ケメロヴォ州
クルガン州
アルタイ地方
スヴェルドロフスク州
アルタイ
共和国
チェリャビンスク州
ハカシヤ
共和国

1 アナバル・ドルガン＝エヴェンキ民族郡（旧アナバル郡）
2 ブルン郡
3 ウスチ・ヤナ郡
4 アッライホフ郡
5 ニジネコリマ郡
6 オレニョク・エヴェンキ民族郡（旧オレニョク郡）
7 ジガンスク・エヴェンキ民族郡（旧ジガンスク郡）
8 エヴェノ・ブィタンタイ民族郡
9 ヴェルホヤンスク郡
10 アブィー郡
11 スレドネコリマ郡
12 ミールヌィー郡
13 ニュルバ郡
14 ヴェルフネヴィリュイ郡
15 ヴィリュイ郡
16 コビャイ郡
17 トンポ郡
18 モマ郡
19 オイミャコン郡
20 ヴェルフネコリマ郡
21 レナ郡
22 スンタル郡
23 ゴールヌィー郡
24 ナム郡
25 ハンガラス郡
26 メギノ・カンガラス郡
27 ウスチ・アルダン郡
28 チュラプチャ郡
29 タッタ郡
30 オリョクマ郡
31 アルダン郡
32 アムガ郡
33 ウスチ・マヤ郡
34 ネリュングリ郡

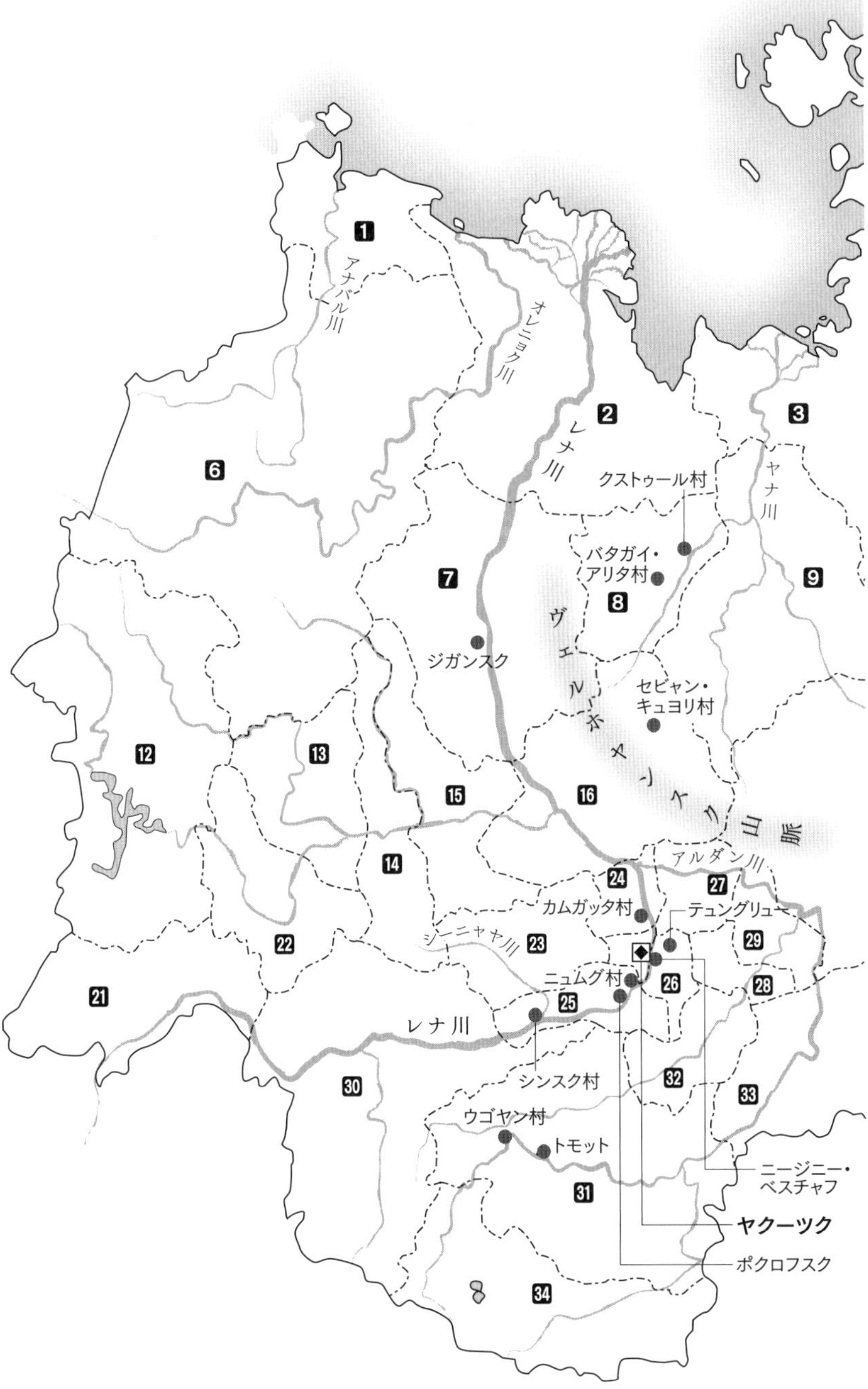

1
2
3
6
7
8
9
12
13
14
15
16
21
22
23
24
25
26
27
28
29
30
31
32
33
34
アナバル川
オレニョク川
レナ川
ヤナ川
クストゥール村
バタガイ・アリタ村
ジガンスク
ヴェルホヤンスク山脈
セビャン・キュヨリ村
アルダン川
カムガッタ村
テュングリュー
シーニャヤ川
ニュムグ村
シンスク村
ウゴヤン村
トモット
ニージニー・ベスチャフ
ヤクーツク
ポクロフスク

ブックデザイン◈藤田美咲
カバー写真（表）◈高倉浩樹
カバー写真（裏）◈中田 篤
表紙写真◈吉田 睦
本扉写真◈高倉浩樹
カバー袖写真（表2）◈高倉・藤原・高倉・高倉・高倉・藤原・奥村
カバー袖写真（表3）◈藤原・中田・藤原・藤原・藤原・中田・高倉
＊特記のない写真は、各章の執筆者撮影

極寒のシベリアに生きる

トナカイと氷と先住民

序章

極寒のシベリアに生きる人々

シベリア理解への視角

◈高倉浩樹

1 シベリアのイメージ

シベリアは、日本で生活する中でそう頻繁に耳にする地域名称ではないかもしれないが、滅多にしか聞かないというものでもない。

天気予報でしばしば耳にするシベリア寒気団は、日本の冬の寒さの源のようなものである。実際に、東シベリアには北半球の寒極がある。零下七一・二度を記録したオイミャコン村は、人が恒常的に暮らしている場所としては文字どおり地球一寒い場所である（写真0-1）。

『広辞苑』によれば、シベリアとはウラル山脈以東から太平洋岸まで続く広大な大地であり、北は北極海、南は中央アジアやモンゴル、中国の北方で囲まれた空間である。中学や高校の地理や歴史の時間では、中国や韓国を総称する東アジアがあり、その北にモンゴルがあり、西方にはカザフスタンやウズベキスタンが広がる。そのさらに北方がシベリアなのである。太平洋に面したカムチャツカ半島や樺太（サハリン）、沿海地方は「極東ロシア」と称され、シベリアと行政的に区別されるようになっているが、本書では日本で一般的に通じているより広い地域概念として、極東ロシアも含め、総称してシベリアを用いることにする。

写真0–1　オイミャコン郡トムトル村の零下71.2度記録の記念碑．ソ連時代に観測基地が実際にあったのはこの村なのだという（2007年4月，ロシア連邦サハ共和国オイミャコン郡）．

歴史を振り返れば、シベリア抑留があった。第二次世界大戦後、約五八万人もの日本人が彼の地に強制的に連行され留めおかれ、多くの人々の命が失われている。ロシアの中心であるモスクワやサンクト・ペテルブルグからは数千キロ以上離れた「辺境」でもある。こんなふうに考えてみると、多くの日本の読者はシベリアという地域にあまりいい印象を持ってはいないのかもしれない。「極寒」「悲劇」「辺境」というのが、多くの日本人にとってシベリアを暗喩するイメージといってもいい。

北海道のさらなる北、樺太や千島列島沿いに連なるカムチャツカ沖の豊かな漁場といったイメージもシベリアと結びついているであろう。オホーツク海域世界から広がる北太平洋世界は、日本人にとって海洋資源の開発の歴史そのものである。食品スーパーの魚介類コーナーに行けば多くの「ロシア産」札がついており、新鮮で美味しい海産物の宝庫を喚起させる。と同時に未解決の北方領土問題も含めて、日露間の国境をめぐる紛争の舞台でもあった。そのことはシベリア抑留などと重なり合って負のイメージに連なっているかもしれない。

ソ連崩壊以降は、シベリアは観光という形で直接訪問可能となった。湿地状の草原が広がる北極海沿岸のツンドラ地帯（写真0‐2）へはなかなか行く機会が得られないが、針葉樹が永遠に続くような広大なタイガの森（写真0‐3・0‐4）やアムール川のような数千キロを超える大河川の生態系を見ることはできるようになった。さらに、環日本海の国際文化・経済交流が進むにつれて、ウラジオストックやハバロフスクといった日本海を隔てた都市に暮らすロシア人と新潟市や富山市などの間に直接的な行き来が現れるようになっている。日本の地方とロシアの地方とがそれぞれの首都を経ずに直接結びつき、ヒト・モノ・カネの新しい流れが出現したわけだ。それは文字どおり国境を越えた地域社会同士のつながりであり、新しいシベリア、ロシア理解を生み出している。

2 シベリア先住民

日本人にとってのシベリアのイメージを振り返ってみたが、日本の隣接地域でありながら、シベリアにどのような人々が暮らしてきたのか、その歴史がいかなるものなのかは、意外と知られていないのではないだろうか。

現在のシベリアの人口は三九一〇万人ほどであるが、その約八五パーセントはロシア人で、一六世紀のシベリア植民地化以降にさまざまな形で移住してきた人々である。そして彼らとは別に、シベリア先住民と呼ばれる人々がいる。その人口は合計で一五三万人ほどである。比率にすればシベリア人口全体の四パーセントにすぎない。しかし、その民族集団の数は四五にもなるのである〔高倉 2009〕。数え方によってはさらに増える場合もあるし、もう少し減る場合もある。とはいえ、それだけ多くの種類の民族集団が、現在シベリアに暮らしていることにまず注意を向けたいのである（**資料1の表、九二―九五頁参照**）。

写真0-2　湿地が広がる夏のツンドラ地帯
（1994年8月，サハ共和国ニジネコリマ郡）.

写真0-3
ヘリコプターから撮影したヤクーツク付近のレナ川とタイガ
（2008年10月，サハ共和国ヤクーツク市上空）.

写真0-4　レナ川中流域の段丘エンセリとカラマツ
（2008年10月，サハ共和国ナム郡）.

さらに、シベリア先住民は言語や歴史文化という観点からも多様である。モンゴルや中央アジアと似ている部分もあるし、北米極北の先住民とそっくりな側面もある。日本のマタギとの罠《わな》の技術の類似性を指摘する研究者もいる。外見的にも親近感が沸くにちがいない。ウラジオストックやハバロフスクなどロシア人が多数の街から農村や山間部などの郡部に入り、出会うシベリアの先住民の顔つきはモンゴロイドであって、東アジアの人々と変わらないからである。

シベリア先住民は、四〇万人近くの人口を擁する比較的大きな集団から、一千人以下という極小人口の民族集団までさまざまな社会を作っている。しかしながら、シベリアという空間は、かつてはソ連、現在はロシア連邦政府によって統治されている。したがって、彼らの社会は民族ごとに成立しているだけではない。多民族が入り交じり、さらにロシアの地方部という側面もあわせ持つ複合的なものである。実際に、二〇世紀初頭には社会主義政策が実施され、ソ連国民としての教育を受け、また社会主義労働者としての経験をも経てきたのがシベリア先住民である。その結果、郡部で伝統的な生産活動に従事している人々も多いし、また都市生活者も相当数いる。

本書の特徴は、シベリアをこのような先住民を中心とした視座からみることである。具体的には、シベリア先住民の人々が暮らす自然環境について、そしてその厳しい環境に適応してきた人類史について、さらに先住民の言語や伝統文化、ロシア人との関係や、近代インフラがこの極寒の地でいかなる形で営まれているのかを詳《つまび》らかにしようとする試みである。それはまた、地球温暖化の影響がこの地域にいかに現れつつあるのか、それを理解するためのシベリア地域研究の入門という位置づけでもある。シベリアの自然や人類史、さらに言語的多様性や伝統文化がこのような形で概論となったことはこれまでなかった。その意味では本邦初のシベリア入門書ともいえよう。

もう一つの特徴は学際性である。本書は、文化人類学が中心になりつつも、言語学や動物行動学、さらに水文学や土木計画学といった文系・理系双方がともにシベリアを明らかにする取り組みでもある。執筆者の間ではさまざまな形でフィールドを共有し、合同・協働の調査を行ってきた。異分野の専門家が調査地を共有することで、従来にないシベリア理解の地平を切り開こうとしている点も大きな特徴である。

3 トナカイと氷——極寒を前提とした社会と文化

本書で焦点を当てるものの一つがトナカイである。なぜトナカイなのか、すでに読者の方は想像がつくと思うのだが、トナカイはシベリア先住民にとって文字どおり最も重要な資源動物だからである。彼らの生業適応文化については本書の中で触れられているが、野生トナカイの狩猟、そして家畜トナカイの牧畜といった点で、ほぼすべての先住民文化の中でトナカイは経済的、宗教的に重要な位置づけをもっている。野生はいうまでもないが、家畜もまた放牧されており、畜舎飼育はされていない。その意味で気候変動は、牧草地の性質や水場の分布に直接的に影響する。本書では、トナカイが人々の生活にとっていかに重要であるのか、その他の野生動物の生態も含めて解説する。さらに、石油や天然ガスなどの資源開発の影響にも触れながら、温暖化の影響がどのような形で現れつつあるのかをみていきたい。

もう一つ、焦点を当てるのは氷である。本書で主として取り上げる地域は、シベリアの東部に位置するロシア連邦サハ共和国であるが、この地域にはバイカル湖から北極海へと伸びる全長四四〇〇キロの大河川レナ川が流れている。この河川は冬季には完全に凍結し、物資を輸送する大型トラックが行き交う巨大な氷上道路と化する。川が凍結し融解するという地域環境のサイクルは、先住民の伝統的文化の中でいかに利用されてきたのか、そして同時に先住民社会を包摂するシベリア都市社会では、そうした凍結道路を前提にした社会システムはいかなる形で維持されているのかが明らかにされる。

トナカイという動物は寒地適応した大型哺乳類であり、寒冷気候で暮らすことを好む。凍結水環境を利用した社会の仕組みもまた一定期間以上の寒度が必要である。いわばこの地域の人々の生活は極寒の環境を前提にして成り立っているのだ。温暖化で暖房がいらなくなるから楽になるということはないのである。温暖化の影響を理解するためには、そもそもが極寒を前提にしている社会と文化の仕組みの理解が求められる。本書の最大の目標は、その仕組みの理解を深めることである。

そうした中で、「アジアとしてのシベリア」という視座がしばしば強調されるであろう。それは、日本の隣接地域であるシベリアの理解を深めてもらうことが重要だと考えるからである。従来のシベリア理解が間違っていると主張するのではない。隣接地域でありながら、もっと知られてよいはずの側面を照射するためである。さらに、そうしたシベリアの先住民社会の理解を通して、地球温暖化によってどのような影響が起こりうるのかを把握し、共感できる土台をつくるのが第二の目標である。どのような人々がいかなる暮らしを営んでいるのか知ることを通して、異なった自然環境と社会条件の中であっても、私たちと同じように温暖化の影響下にさらされている社会の実像を理解することが重要だと思うからである。

4 しのびよる地球温暖化

氷河の崩落や北極海の氷の融解といった写真は、地球温暖化をイメージする画像としてマスコミでさかんに取り上げられ、インターネット上にもあふれている。そこにはペンギンやシロクマ、さらにアザラシなどが不安そうな表情で写されていることもしばしばある。遠い世界の美しく神々しいような自然が崩壊しつつあることが暗示されている。一方、テレビから流れるニュースに目を向ければ、台風や暴風雨の被害、ゲリラ洪水の多発化と温暖化の関係が述べられたりしている。身近な世界に起きる災害が頻発・増長することは深刻であり、喫緊の事態である。双方はともに地球温暖化問題という形で報道されるが、それは遠い場所で起きていることと身近な世界で起きていることが無関係ではないと考えられているからである。

とはいうものの、遠い世界で起きている「現象」と、身近な世界のいわば「事件」の関係を結びつけて理解することはなかなか難しいのではないだろうか。日本に暮らす者にとって、北極圏で生じている気候変動の影響は、前述したような自然の変化という形ではイメージしやすいが、そこで暮らす人々の日常生活にどのような事態が発生するのかはなかなか想像しにくいものである。それは逆も真なりである。北極圏で暮らしている人々にとって、地球温暖化が日本社会にどのような事態を引き起こしているのか、想像したり理解したりするのは難しい。

地球温暖化という現象を通して、私たちは二つの教訓を得つつあると思う。第一には、自然現象の人間社会への影響が地球全体を通して連動しているという教訓である。それはCO²削減問題にみられるように、地域や国家を超えて対処しなければならない課題という形で眼前に現れるからである。かつて、公害は局所的なあるいは地域社会の問題であった。水俣病の水銀にみられるように、汚染物質の反応の強さは急激に社会と個人の健康に影響するがゆえに、その対策も緊急でありかつ地続きに広域に広がることは少なかった。これに対し、CO²やオゾンはそれ自体が即、生物個体としてのヒトに深刻な被害を与えるわけではない。これらの反応性に乏しい汚染物質はそれゆえに、大気や海洋水の地球的な循環を通して広域に広がり、そこから複合的な影響が発生するのである［北野 2009:169–170］。

得たものの二つ目は、教訓というよりむしろ肯定的な意味でのチャンスといっていいかもしれない。温暖化の影響による外国での災害や異常気象の報道は、遠い異国であっても、それが自分たちと無関係ではないというメッセージを含んでいる。それは空間的に離れている社会同士が共感を持って理解しあえる機会であると考えることができないだろうか。いうまでもないことだが、世界には多様な文化を持つそれぞれの民族集団や地域社会が存在している。そうした人々と自分たちの社会が、温暖化という自然現象を通してつながっていることをリアルに実感できる契機がそこに存在するのである。

第一の教訓については、さまざまな分野の科学者がその現象のメカニズムを解き明かし、対策を講じている。ところが後者のチャンスについては、学問的に十分探求されていないのではないだろうか。本書を編むにあたって最初の問題意識はこのようなものであった。

地球上の人類のさまざまな社会が密接に関係していることは、グローバリゼーションという現象からも当然想像できる。とはいうものの、こちらは経済的な市場の拡大と情報技術や交通手段の飛躍的拡張が結びついたという事実から世界を理解しようとする視座である。そこで強調されるのは、むしろ世界の諸地域社会がいかに近似しつつあるのか、いかに類似した制度やモノに取り囲まれているかということである。さらに付け加えれば、そこでセンセーショナルに強調されるのは、貧困や暴力といったグローバリゼーションの暗部でもある。

未来に向かって世界は近似的な形に収斂すると一般的に思われている。しかしながら、現存する地球上の社会は現時点においても差異に満ちている。それは単に伝統文化や慣習といった領域だけではない。日本の都市でゲリラ洪水がなぜ発生するのかは、近代インフラの仕組みと密接に関係している。上水道や下水道という考え方やその技術的根幹は、比較的共通した仕組みによって成り立っているが、それをどのような人々がどう使っているのかは、近代化の有無にかかわらずその社会の置かれた環境的条件はもちろんのこと、政治体制や民族集団、地域社会によって異なるのは当然である。その意味では差異は生み出され続けているのだ。

地球温暖化という現象が私たちに課題として投げかけるのは、気温の上昇を発端として引き起こされる気象・生態などの複合的な自然現象が、いかなる文化を持つ地域社会においてどのような社会現象となって影響をもたらすのかという問いである。それは地球全体において相互に連動する自然が、個々の局地的な場所においていかなる影響をおよぼしつつ、その一方でそれぞれの地域社会がいかなる対応をするのかをつぶさにみていくことを意味している。

こうした関心は、当然、世界の文化や社会の多様性を理解しようと試みることと似ている。その意味では、従来の文化人類学における課題の一つと変わらないのではないかと疑問をもたれるかもしれない。しかし、地球温暖化と地域研究という研究課題の中でより重要なのは、彼の地で起きている事態は自分たちの社会とつながっていることを実感することが求められるという点である。相互に関連しあった人類の諸社会を単にそれぞれ理解するということではなく、共感をともなう文化相対主義的な態度が必要なのである。少々わかりにくいかもしれないので、議論を逆から進めたほうがいいかもしれない。自分たちの社会で起きている問題の深刻さを、自分たち以外の人々に理解してもらうためには、その人々の暮らす地域で発生していることと関係づけなければ説得力を持たないということである。

温暖化に対する実際的な対処は、国際的、国内的政策などを通してより具体的な方策が求められるのは当然である。とはいえ、そのような取り決めを結ぶことが大変困難な過程であることは、二一世紀最初の一〇年間の歴史が明瞭に示しているとおりである。共通の対処を打ち立てることが困難なのは、単に国家の利害関係や戦略的相違があるからだけではない。自分たち以外の社会に対する理解と想像力、そして共感性が欠乏しているからなのだ。

5 気候変動と異文化理解

さまざまな文明や諸文化といった個別世界の歴史と現在の理解を通して人類世界のあり方の総合的な理解を蓄積してきた文化人類学や歴史学などの人文学にとって、地球温暖化という現象が投げかけるのは、共感性を含み込んだ形で個々の世界の理解にどのような貢献ができるのかという課題なのではないかと私は考えている。温暖化によって引き起こされる社会的な影響は、世界の各地つまりそれぞれ異なった歴史的、文化的背景を持つ社会において、具体的にどのような現象として出現するのか、そしてそれらはいかなる点で社会的問題となるのか、どのような意味で災害となるのかについて、探求することが求められていると思うのである。

かつて、米国の文化人類学者クラックホーンは、人類学を「人間の鏡」と位置づけ、異文化とは鏡に映った自文化であると述べた[クラックホーン 1949＝1971:26]。それは人間の文化の多様性と可変性を示すものであった。共感を持った文化相対主義的理解というものは、この文脈にある。地球温暖化の報道を通して私たちが見ているのは、この「人間の鏡」の一種にほかならないということだ。現在、この鏡が乱反射とでもいうくらい強い光を発しているのは、気候変動という地球規模で連動する自然現象が過去にない規模で大きく作用しているからである。この意味で地球温暖化問題に対して人文学が貢献できる取り組みの一つは、そうした鏡の中の像の一つひとつを、できるだけ誠実に正しい形で理解し、それを社会に向けて提供することなのである。

本書で取り組もうとするのは、この「鏡」の中に反射した一つの像の理解を試みようとすることである。シベリアの自然はいうまでもなく、その中にどのような人々がいるのか、そしていかなる暮らしを営んでいるのか、そこから理解の糸口を見つけていきたいのである。自分たち以外の社会で地球温暖化の影響がどのような形で起きているのかを想像し理解するための最初の一歩は、彼らの暮らす自然がいかなるものか、そして実際にどのような暮らしをする人々なのかを理解することにほかならない。

I

人類とシベリア

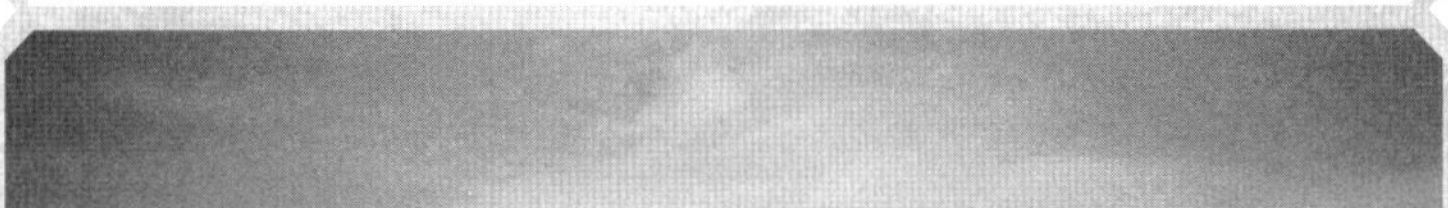

融雪の中をトナカイ橇で移動する（ヤマル・ネネツ自治管区タ－ズ郡）.
撮影：吉田睦

第1章

人類のシベリア進出

多様な生存・適応戦略

◈佐々木史郎

1 はじめに

シベリアは「寒冷地」というイメージがあまりにも強いため、そこで暮らすには特殊な防寒装置が必要で、食料も遠い南の地方から調達しなければならないと思われがちである。確かに冬のシベリアは恒常的にマイナス数十度に達することから、温暖な地域に暮らす人々にとっては「極寒」である。また、ほとんどの地域で農業ができないか、できても生産性が低いために、農産物は遠い南の地方に頼らざるをえない。

しかし、シベリアの冬の寒さも、人間にとって耐えがたいほどのものではない。毛皮を中心とした自然素材でも十分耐えられる。マイナス五〇度から六〇度という極端な低温状態では、逆に天然素材のほうが、暖かさの点でも使いやすさの点でも、人工素材よりも優れていることが多い。

食料の面でも、農産物にこだわりさえしなければ、シベリアは食物の宝庫である。川には魚があふれている。ことに夏から秋には遡河性のサケ・マス類が産卵のために川面を押し上げるように大量にさかのぼってくる。それらの漁獲は季節性が高いが、漁獲できる時に大量に捕獲して、乾物や燻製などの保存食にしておけばよい。また、哺乳動物も豊富である。森にはシカ類(トナカイ、ヘラジカ、アカシカ、ノロジカ、ジャコウジカなど)、クマ、野生のヒツジ、場所によってイノシシなどの大型で大量の肉がとれる哺乳動物が数多く生息する。また、海岸地帯にはアザラシ類、トド、セイウチ、クジラ類などの海獣が多く生息し、安定した食料源となる。草原や森では短い夏の間に草本類や樹木類が開花し、実をつけて、貴重な植物性の食料となる。内陸地方では河川での漁撈と森での狩猟を食料生産基盤として、海岸地帯では海獣狩猟と海での漁撈を基盤として、安定した社会を維持することが可能なのである。

つまり、シベリアは食料確保という点では実に魅力的な土地である。しかし、ではなぜシベリアは寒冷で不毛の大地であるというイメージが抱かれるのだろうか。それは、農業を食料生産基盤とする国家が、この地域の森林資源や鉱物資源、エネルギー資源を求めて、不適切な生活技術を持たせたまま大量の開発移民を送り込み、多大な犠牲を出すという拙劣な政策を繰り返してきたからである。商業的な資源開発に従事する人々は、シベリアの自然環境に適応しようとするのではなく、そこに特殊な空間を作って自分たちを自然から隔離しようとした。当初は丸太小屋を建てて薪ストーブで暖をとるという状態だったが、都市が形成されると、鉄筋コンクリートのビルをボイラーで沸かした温水で暖めるという方式が普及した。食料は故郷の都市での食生活を再現するために、南の地方から農産物を運び込ませた。しかし、このカプセルのような空間を維持するのは容易なことではなかった。莫大な労力と資金とエネルギーが必要で、しかも、技術的に未熟な時代にはカプセルは十分機能せず(ボイラーはしばしば停止して温水の供給は止まり、道路の建設が容易でないために、農産物の搬入も滞った)、人々はしばしば自然の脅威にさらされた。試行錯誤の技術革新の結果、カプセルの機能とその中での生活は改善されたが、それでもそれを維持するのに多大な資金とエネルギーが必要とされることには変わりない。

しかし、人類はそのシベリアに農耕文明や科学技術文明が発生するはるか以前から住み続けてきた。長い時間をかけてその自然の中で生きるための技術と文化を醸成してきた人々にとっては、シベリアほど恵まれた住みやすいところはない。本章では、シベリア以外に祖先伝来の居住地を持たない人々の文化に焦点を当てる。つまり、現在のロシア連邦で「北方少数民族」と規定されている人々の文化である。

その人口はきわめて小さい。シベリアには四千万人弱(二〇〇二年の国勢調査によると三九一三万人)の人々が暮らすといわれるが、その大半がソ連時代以後に移住してきた移民の子孫である。シベリアが帝政ロシアに征服される以前から住み着いていた人々の遺伝的、文化的後継者にあたる北方少数民族とそれに類する人々は、すべて合わせても一五〇万人を若干超える程度にしかならない(**資料1の表、九二—九五頁参照**)。しかし、彼らは広大なシベリアのさまざまな地域に定着してきたために、その文化は多彩、多様である。また、彼らにはそれぞれ深遠な歴史がある。この多様な文化、深遠な歴史をすべて解き明かすためには、この限られた紙幅ではとても足りない。そこで本章では、帝政ロシアがシベリア征服を開始する以前にシベリアにやってきた人々が、多様な自然環境の中でいかなる生存戦略を立て、いかなる生産活動に従事し、それが現在までの間にどのように変わったのかに焦点を当てる。いいかえれば、人類シベリア進出史の概略である。

2 シベリアでの生産活動

冬が長く、植物が成長できる春から秋が短いシベリアでは、農業生産が難しいか不可能であるために、その生産活動は狩猟、漁撈、採集、そして寒さに強い動物を飼育する牧畜が中心となる。狩猟とは、人間以外の哺乳類、鳥類、爬虫類の動物を捕獲する活動である。その目的は食用になる肉、内蔵、血液、骨と、日用品の素材となる皮、毛皮、骨、角、腱などを得ることにある。人類はホモ・サピエンス(現生人類)誕生以来、自らの体格を生物的に大きく変化させることなく、地球上の多種多様な環境に適応してきたが、その過程で、狩猟対象とする動物も多様化した。シベリアの場合、寒冷地であるために「ベルグマンの法則」(恒温動物の場合、寒冷地では体温を維持するために体格が大きいほうが有利になり、適応しやすいという法則)が働いて、哺乳動物は同種ならば温暖地域のものに比べて大型化する。また、降雪期となれば足跡をたどって獲物を見失わずに追跡することができる。大型化して力も強くなった動物に対抗しうるだけの用具と技術、降雪期の寒さに耐えられる防寒具さえ装備できれば、シベリアは狩猟で生活するには、温暖な地域より有利である。

漁撈は川、沼、湖、海などに生息する水産資源を獲得する活動である。その獲物は主に魚類だが、時として両生類、貝類、節足動物、棘皮《きょくひ》動物、軟体動物など魚以外の水産資源の獲得も含まれる。ただし、同じ水産資源でもクジラ類、アザラシ類などの海棲哺乳類の捕獲は「海獣狩猟」と呼ばれて狩猟に分類される。シベリアの河川、湖沼、海岸地帯は魚類が豊富で、漁撈で生活するにはうってつけの場所が多い。また、サケ・マス類のように、川で生まれ、海で育って産卵のために生まれた川に戻ってくる回遊性の魚も豊富である。したがって、「狩猟民族」といわれていても、実際の食料基盤は漁撈で得られた魚に依存する人々が多い。

採集は植物性の資源を獲得する行為を指すことが多いが、貝拾い、卵取り、昆虫捕獲を採集ということもある。植物は比較的温暖な春から秋の間に可食部分を太らせることから、冬が長いシベリアではその期間が短いために不利ではある。しかし、決して資源が乏しいということはない。短い夏の間にいっせいに葉を茂らせ、開花し、実をつけ、根を太らせる植物から人々は集中的に可食部分を採取し、それを保存食にして食べ続ける。しかし、温帯以南の人々に比べれば、動物性食料への依存度は高い。

シベリアでは全体的に冷涼なために農産物を栽培することは難しいが、牧畜はそれほど難しくない。家畜にはその土地に適応した植物を食べさせることができるからである。牧畜とは、大型の有蹄類（蹄《ひづめ》を持った草食性の哺乳類）を人間のコントロール下において食料その他の日常生活に必要な素材として利用する活動である。しかも、季節ごとに最適な餌場を提供してやるだけでなく、オスに対する去勢やメスに対する出産・子育て支援といった生殖コントロールを通じて、利用（乳と毛以外は殺さないと利用できない)によって摩耗、劣化した分の再生に人間が積極的に介入する。シベリアでは、南部がヒツジ、ヤギ、牛、馬、ラクダなどの飼育に適していることから、それらを対象とする牧畜がさかんである。それに対して、シベリアを広く覆う森林地帯(タイガ)と極北のツンドラ地帯ではトナカイが飼育されてきた。

3 シベリアへの人類進出史

シベリアは、狩猟、漁撈、採集に依存する生活を営むならば、一般に想像される以上に資源に恵まれている。しかし、とはいってもアフリカで生まれた熱帯性の動物である人類にとって、長い間、シベリアは生息できるような地域ではなかった。ネアンデルタール(ホモ・ネアンデルターレンシス)は中部ヨーロッパという比較的寒冷な地域まで進出したが、それでもシベリアでは南部までしか進めなかった。彼らは氷河期にも遭遇したが、その時期にはヨーロッパでも比較的南の温暖な地域に後退している。シベリアにおけるネアンデルタール、あるいは彼らの石器文化であるムスティエ文化がシベリアに進出したのは、ロシアでいうズィリヤンカ氷期(ヨーロッパのヴュルム氷期の前半にあたり、八万年前から五万五千年前)の時代といわれる。その分布は、確実な遺跡としてはゴルノアルタイ地方のウスチ・カン遺跡(北緯五二度、東経八六度ほど)だが、石器発見の範囲ではエニセイ川流域からアンガラ川流域(北緯五五度、東経一〇〇度ぐらい)まで広がるとされる[木村 1997:129]。しかし、厳寒のシベリアに本格的に進出するのは、ホモ・サピエンスの登場を待たなくてはなら

図1-1　中期旧石器文化の遺跡分布

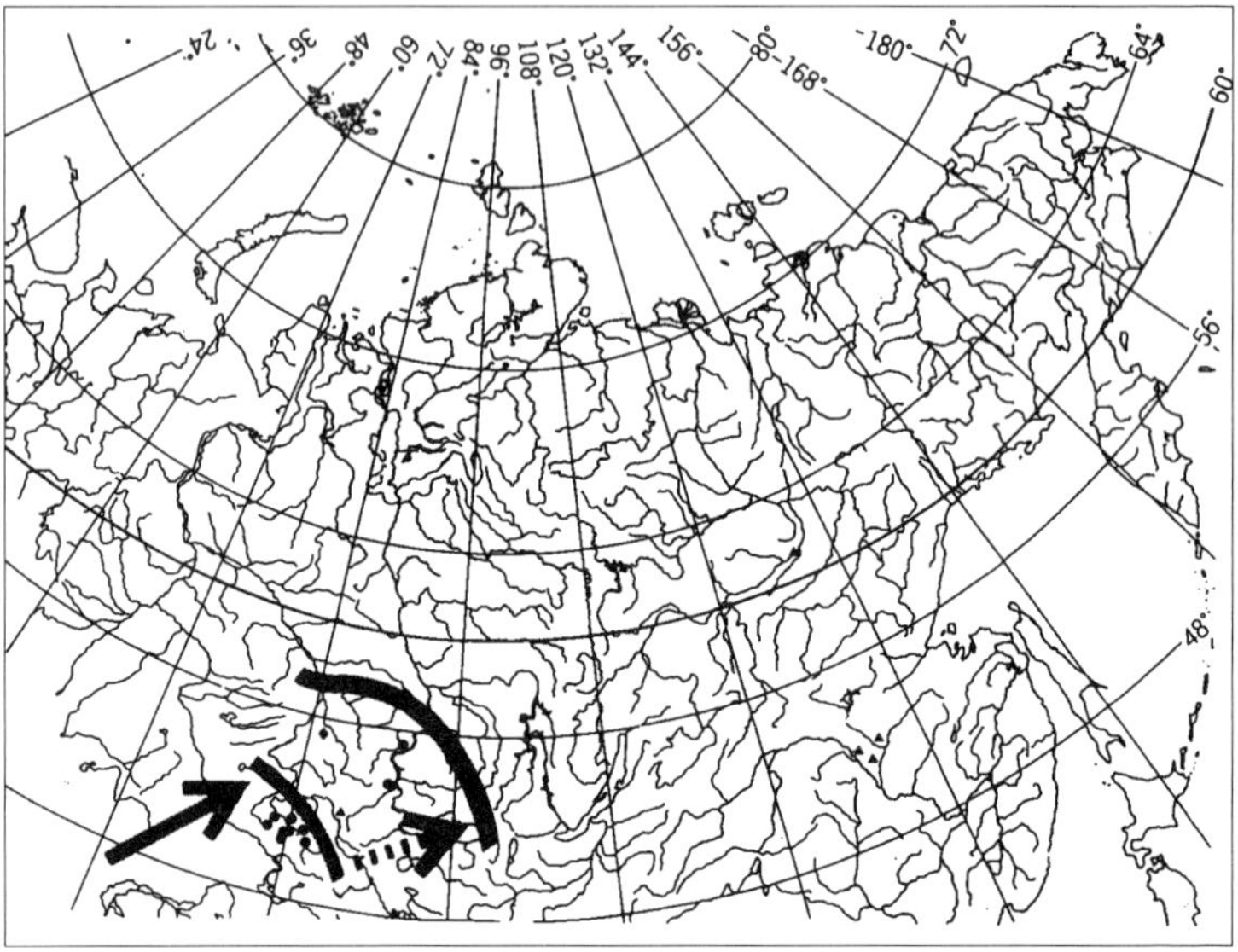

ムスティエ文化の分布と広がりを表す．
出所：木村［1997：305］

なかった（図1-1）。

近年の研究によると、ヨーロッパではホモ・サピエンスがネアンデルタールと一時期共生していたことが知られている。ヨーロッパでは後期旧石器時代の前半に、オーリニャック文化とグラヴェット文化を持つホモ・サピエンスがムスティエ文化を持つネアンデルタールと共存し、それは最終氷期の中でネアンデルタールの消滅という形で終焉する。ネアンデルタールとホモ・サピエンスの「交替劇」の過程と原因については数多くの仮説が出されているが、最新の研究による現象面からの説明では、やはり寒冷期への適応方法に違いがあったとされる［赤澤 2010］。

それを要約すれば、ネアンデル

タールは温暖期に北方へ居住域を拡大し、寒冷期には南方に撤退するという南北移動を繰り返し、ヨーロッパに進出してオーリニャック文化を形成したホモ・サピエンスも当初は同じ動きを示した。しかし、グラヴェット文化が登場すると、ホモ・サピエンスは寒冷期になっても南に退避しようとせず、寒冷な環境に適応するとともに、南方に向けてもその勢力を拡大した。かつてのネアンデルタールとオーリニャック文化を持つ人々の地域はグラヴェット文化を持つ人々に蚕食《さんしょく》され、最終氷期直前にはネアンデルタールの居住地はイベリア半島とイタリア半島の片隅に残すのみとなり、絶滅へと向かう。

ネアンデルタールとホモ・サピエンスの寒冷期に向かう時代における対応の違いは、道具類の多様性の相違が関係し、それが適応戦略の相違を表していた。すなわち、ネアンデルタールの道具類はムスティエ文化と呼ばれる石器群から構成されるが、それは地理的、時代的な多様性、変異性に乏しく、中身の道具の種類も限られていた。それは、どこでも、いつの時代でも同一の資源に依存していたことを示しており、ネアンデルタールはその資源のあるところを求めて移動するという戦略を採用していたことがわかる。

近年のネアンデルタール人骨の分析によれば、彼らの主要な食料は陸上の草食哺乳類だったことが知られている。彼らはバイソンやシカ類、トナカイを、木製の槍《やり》やその先に石器の尖頭器を装着した槍を使って狩っていた。そして気候変動によるそれらの動物の分布の変動を追うように、南北に移動していた。それに対して、ホモ・サピエンスの道具類はバラエティに富み、道具の材料も石だけでなく、骨、牙、角など多彩だった。そして何よりも環境の変化に応じて地理的、時代的な変異が大きかった。また、食料資源も哺乳類だけでなく、グラヴェット文化では水産資源も含まれていたのではないかともいわれる［赤澤 2010：529–532］。

このネアンデルタールとホモ・サピエンスとの交替劇に関する仮説モデルは、人類のシベリア進出に関する仮説を構築するのに大いに参考になる。というのは、このモデルは本質的に狩猟者の寒冷気候への適応方法を基礎にしているからである。つまり、ネアンデルタールが南シベリアより北へ進出できず、ホモ・サピエンスの登場で初めて極寒のシベリア中部から極北へと進出できたのは、後者に、異なる環境に適応するために多様な食料資源を利用しようとする柔軟な発想と、多様な資源利用に対応するさまざまな種類の道具類の開発があったからではないかと考えられる。ホモ・サピエンスが築いた石器文化は一般に「後期旧石器文化」と呼ばれるが、それはホモ・ハビリスからネアンデルタールまでの前期・中期旧石器文化に比べて、地域や時代による変異が大きい。

シベリアでは石器文化と化石人類との関係がヨーロッパほど明確ではない。ズィリヤンカ氷期に南シベリアに広まったムスティエ文化の担い手は、西から進出してきたネアンデルタールである。シベリアでは、ヨーロッパのように明らかにネアンデルタールとホモ・サピエンスが共生していたとわかる痕跡はないが、後者が前者からシベリアで生きるためにムスティエ文化を取り入れた形跡はみられるという。

例えば、南シベリアのゴルノアルタイ地方にあるカラ・ボム遺跡（中期～後期旧石器時代の遺跡）で発掘された、「カラボムスキー・プラスト」と呼ばれる段階の文化は、下層の方（第五層と六層）で約

図1-2　後期旧石器初期の遺跡分布

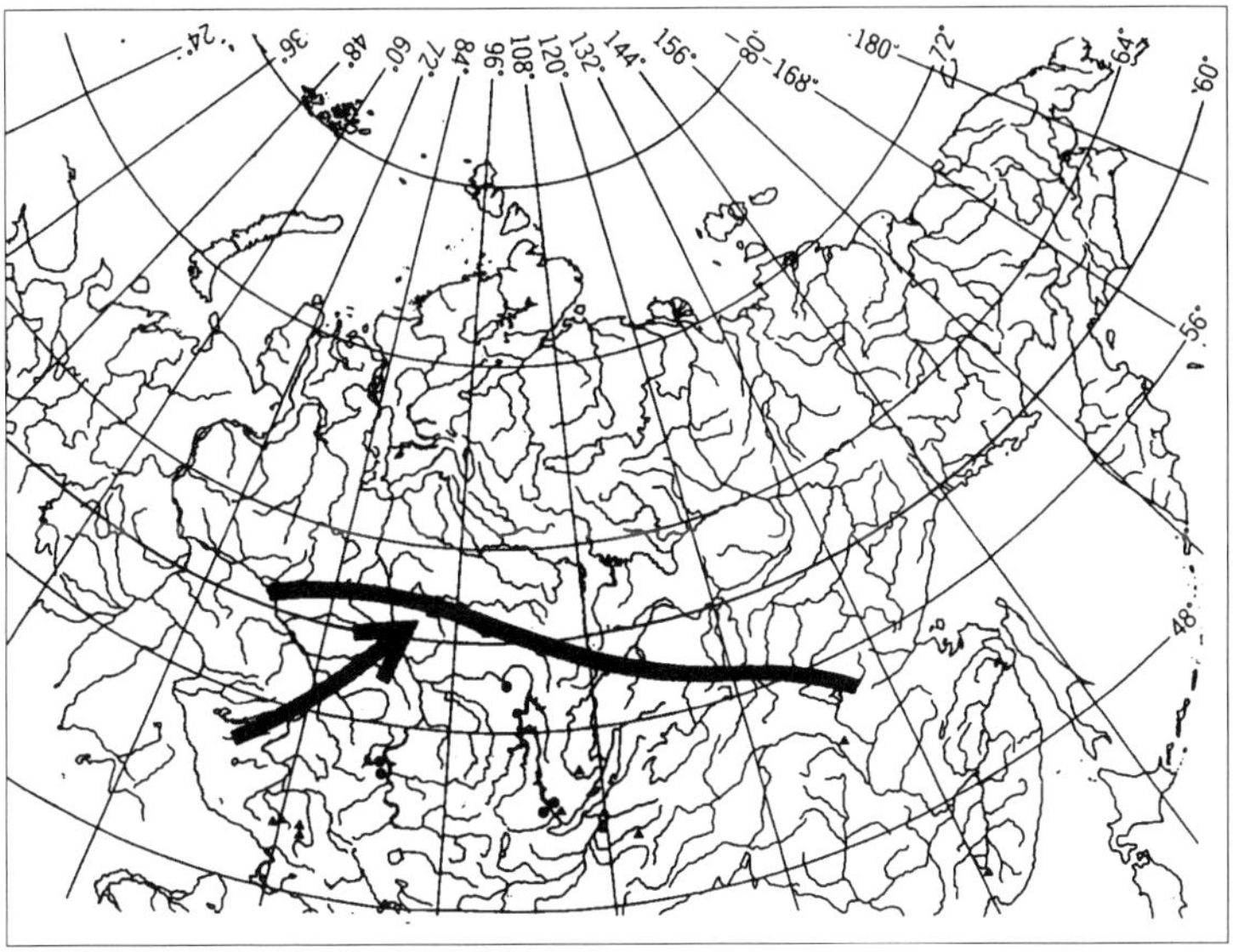

折茂らがいうカラボムスキー・プラストの時代の遺跡分布に重なる.
出所：木村［1997：305］

四万三千年前という年代が出されているが、後期旧石器文化に含められている。つまり、それはホモ・サピエンスの文化である。しかし、その時代の石器製作技法には、シベリア後期旧石器時代の特徴である石刃技法（平面が短冊形で断面が三角形または台形の細長くて薄く、鋭い刃を持つ石器を石核からはぎ取る技術）とともに、ムスティエ文化の特徴であるルヴァロア技法（形を整えた石核から三角形や細長い剥片をはぎ取る技法）が併存しているといわれる。この「カラボムスキー・プラスト」という文化層の分布は、純粋なムスティエ文化の時代よりも広がり、中央アジアからバイカル湖以東、モンゴル高原までみられる［折茂 2002］。この段階は、先住のネア

図1-3　後期旧石器後半の遺跡分布

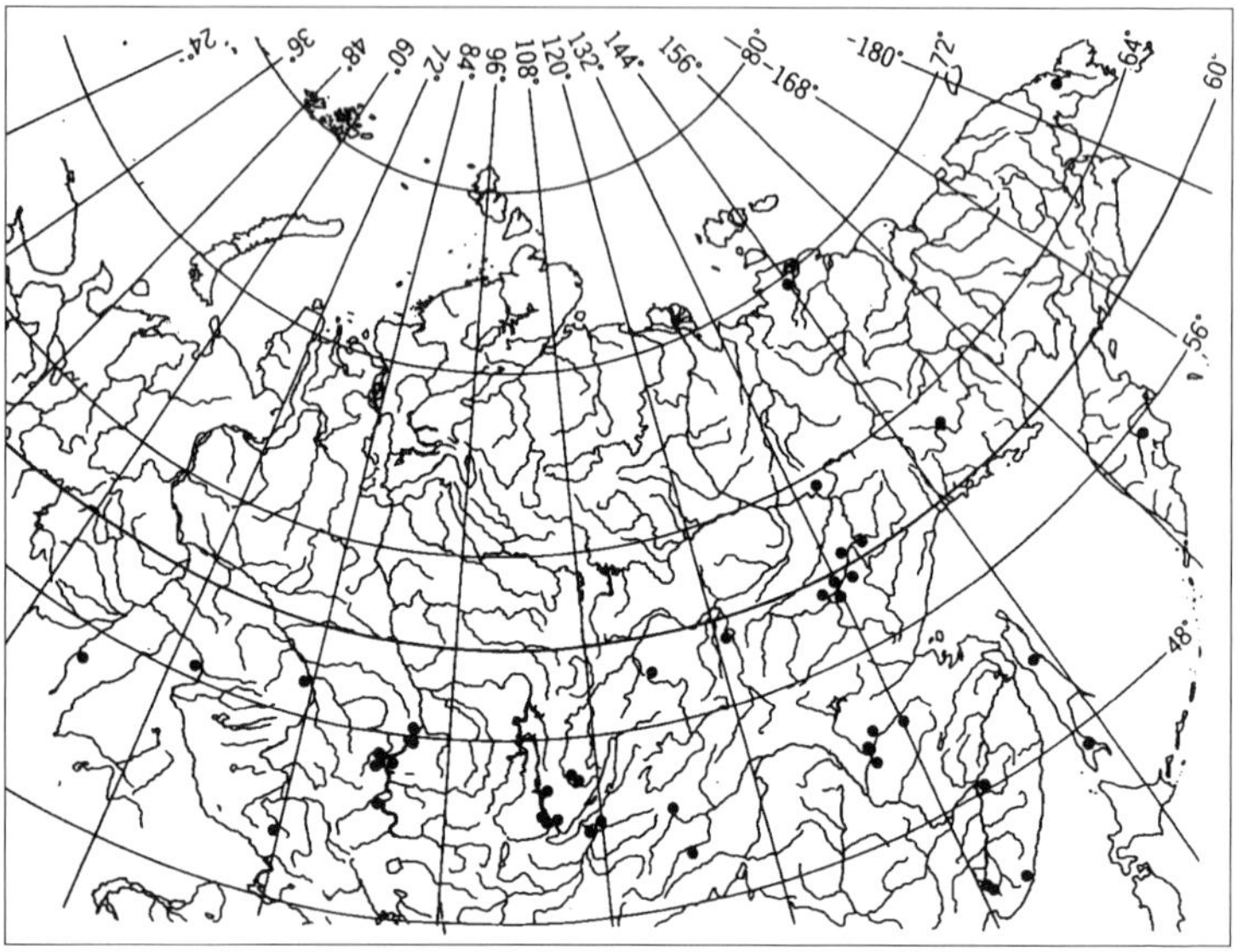

最終氷期におけるホモ・サピエンスの拡散を表す.
出所：木村［1997：306］

ンデルタールからルヴァロア技法を習得したホモ・サピエンスが、独自の石刃技法を交えつつ居住地を徐々に広げ、本格的なシベリア奥地への進出の準備をしていた段階だったともいえる（図1-2）。

　シベリア中央部から極北地域に進出したホモ・サピエンスたちは、ネアンデルタールが生き残れなかった最後の氷河期（ロシアのサルタン氷期、ヨーロッパのヴュルム氷期後半）の最寒冷期でも、新しい資源利用戦略を創出し、それに対応するさまざまな道具類を開発することで生き抜いた。例えば、石刃の小型化を進め、細石刃と呼ばれる画期的な技法を考案し、それを骨角器に植え込む「植刃器」を創り出した。刃を付け替えて鋭さを維持するこの組み合わせ型武器の考案で、トナカイやバイソン、場合によってはマンモスなどを狩猟できるようになった。シベリア東部は氷河が広がらず、夏には草原状になるステップ地帯となっていた。そこがマンモスなどの大型動物の生息域だったのである。ホモ・サピエンスたちは彼らを追ってシベリアを北へ東へと移動し、ついにベーリンジアを渡ってアメリカ大陸まで行ってしまったわけである(図1-3)。

4 氷河期後の多様化する適応戦略

氷河期の終焉とともに、シベリアの環境は激変した。かつてマンモスが数多く生息したステップ地帯は森に覆われるようになり、北極海に面した地域は夏に湿地状態となるツンドラになった。トナカイなどの一部の食料資源は生き残ったが、マンモスなどの大型獣は相次いで姿を消し、代わって動きの素早いシカ類や猛獣のクマが北上してきた。しかし、温暖化した完新世の新しい環境の中で、人類はシベリアに踏みとどまり、新しい生存戦略を次々に考案する。

まず、従来どおり狩猟を続けるという戦略があった。クマ以外の動物は、危険性は減ったが、動きが素早くなった。武器のさらなる軽量化が必要とされる状況の中で弓矢が開発されたと考えられる。その一方で動物の小型化と成果の不確実性の増大は、狩猟民に二つの道のどちらかを選ばせることになった。

一つは、後氷期でも生き残ったトナカイを主要な獲物として追い続ける道である(第一の戦略)。

これは北極海に面したツンドラ地帯で可能な戦略で、トナカイの群れを川の中、崖で囲まれた場所、あるいは人工的に設けた柵の中など、動きが鈍くなるような場所に追い込んだり誘導したりして、まとめて捕らえることで食料を確保する。これに近いことは大規模なトナカイ飼育に従事する以前のネネツやチュクチといった民族集団が一八世紀まで行っており、タイミル半島のガナサンは二〇世紀まで行っていた［佐々木 2005］。

それに対して、森林地帯ではトナカイの群れは小さく、また追い込み猟のような大規模な集団猟には不向きだった。そのような地域では、食料生産における狩猟の比重を低下させ、より安定した成果を上げられる漁撈と採集への依存度を高めるという戦略が選ばれた（第二の戦略）。つまり、狩猟と漁撈と採集という三つの生産活動のバランスを取るという戦略である。しかし、シベリアの森林地帯では、これら三つの活動の対象となる資源は、その量、分布ともに時期と地域による変動や変異が大きく、一カ所に定住して安定した食料を得ることが難しかった。そのために、人々は小さな集団に分かれて、資源を求めて頻繁に移動を繰り返した。そのような移動性の高い暮らしに合うように、住居は動物の皮革や白樺樹皮で覆われた天幕が使われ、衣服は活動的な前開きで胸当てをともなう形式のものとなり、土器はもっぱら煮炊きに使われる尖底土器が主流だった［オクラードニコフ 1974:70, 79］。これはシベリアの森林地帯に生きるための基本的な生存戦略で、おそらく氷河期の終焉、新石器時代の到来とともに、シベリア、極東ロシアの地域に広く普及したと考えられる。土器は後に鉄鍋や木器にかわったが、その戦略の名残はトナカイを持たないエヴェンキやユカギールなどの民族にみられた。

陸上での狩猟にこだわらない戦略も考案された。その一つは漁撈に特化してしまうというものである(第三の戦略)。これは大陸を貫くオビ、エニセイ、レナ、アムールといった大河川の流域に定着した人々がとった戦略である。これらの川には毎年夏から秋にかけてサケ・マス類の魚が大挙して産卵のために遡上してくる。その無尽蔵とも思える魚を大量に捕獲し、干すなどして保存食にして一年間食べ続けていくのである。もちろん、食料は遡河性の魚だけでなく、年中捕れる陸封性の魚や森の動植物からも得る。しかし、大量に遡上するサケ・マス類の確保で、食料基盤が安定し、多くの人口を養えるようになる。漁撈を基盤とする大社会は北アメリカ北西海岸の先住民族(クワクワカワク、ハイダなど)に典型的にみられるとされるが、オビ川流域のハンティ、マンシとアムール川流域のナーナイ、ウリチ、ニヴフ、カムチャツカ半島のイテリメンなどの民族もそうである。

もう一つは、後氷期の温暖化で上昇してくる海岸地帯に打って出て、そこに集まる海獣を主要な狩猟対象にするというものである(第四の戦略)。北極海やベーリング海、オホーツク海など冬に氷に閉ざされる地域の海は、栄養が豊富でプランクトンが発生しやすく、それを求めて魚が集まり、魚を求めて海獣類が集まってくる。その海獣を捕獲するだけで十分な食料が得られるのである。海に漕ぎ出すための舟(ボート、カヌー)、舟の上から銛《もり》を飛ばすための投槍器《とうそうき》、さらに返しがついて抜けにくくした銛先や、一度刺さると体内で回転して抜けなくなる「回転式離頭銛」と呼ばれる銛先も発明された。この戦略がオホーツク海に面した地域で広く普及していたことは考古学的な研究から明らかで、樺太から一時は北海道、千島列島にまで拡大したオホーツク文化はその典型的な事例である。その文化の一部（海獣狩猟の用具類やクマ崇拝など）は後のニヴフ、アイヌなどに継承された。また、一七世紀以後の文献では、西シベリア極北地域のネネツの一部、チュコトカ半島とカムチャツカ半島のチュクチ、コリヤーク、ユピックの海獣狩猟民がこの戦略を採用していたことが知られている。

これらの四つの新しい戦略のうち、第三と第四の戦略では定住的あるいは季節的に決まった場所を往復する半定住的な生活が可能になった。そのために、これらの地域では竪穴住居や掘っ立て柱住居などの固定家屋を建て、貯蔵用の大型平底の土器を製作するなどの新しい生活様式が生まれた。また、第一の戦略以外を選択した人々は移動経路に河川を多用するようになり、筏《いかだ》、ボート、カヌー、舟などの水上輸送用具の開発と発達が相次いだ。それと同時に温暖化にともなって冬の降雪量も増大したことから、積雪時の歩行を容易にするためにスキーやかんじきが生み出され、雪の上でも物資をスムーズに運べるように橇《そり》が発達した。おそらく当初は人間が曳く小型の橇が主流だったのだろう。第三、第四の戦略、すなわち河川流域の漁撈民や海岸地帯の海獣狩猟民では犬橇が発達してくる。それはたくさん捕れる魚やアザラシの肉を餌にして、橇牽引用の犬を大量に飼育することが可能になったからである。犬は旧石器時代以来、猟犬、番犬、愛玩犬として飼育されていたことが知られているが、橇牽引用の使役犬が登場するのは、大河川や海岸地帯に定住するような戦略が生まれて以降のことであると考えられる。

氷河期終焉直後の環境の激変は、地球上の他の地域でも人類に大きな試練をもたらしたが、その試練の中から農耕と牧畜という後の文明の基礎になる生産活動が発生した。その発生源はいくつかあったようだが、シベリアへは西アジアと東アジアの農耕地帯から、草原の遊牧民の地域を抜けて影響が広がっていったようである。西アジアで生み出された金属器は紀元前二〇〇〇年紀にはシベリアから現在の極東ロシア地域にも普及し、南部の農耕可能地帯や森林ステップでは農耕、牧畜、遊牧も始まった。そのうち、馬を飼育して輸送手段とする活動が北の森林地帯へ波及し、そこでトナカイを飼育して荷物の運搬に使う活動が創出された[1][佐々木 1985]。

トナカイ飼育はトナカイの生息域全域に普及した。シベリア、極東ロシアでは、アムール川流域やカムチャツカ半島南部など一部の地域を除いて、大部分がトナカイの生息域である。河川の交通網と犬橇が発達していた大河川流域の漁撈民(第三の戦略)と海獣狩猟民(第四の戦略)では導入されなかったが、シベリアに広く普及していた第二の戦略を採用した人々は早速これを取り入れ、森の中での移動に活用することになった(第五の戦略、トナカイ飼育をともなう狩猟、漁撈、採集)。森の猟師たちは、当初は荷物を背に積むだけであったが、そのうち馬への騎乗をまねしてトナカイに騎乗するようになり、トナカイに乗って狩りに出かけるというスタイルが定着した。その結果、狩猟領域が拡大し、獲物に遭遇する機会が増えるとともに、季節移動も効率化され、漁撈、採集も含めた活動全体の生産性の向上がみられた。エヴェンキ、エヴェン、ウイルタといったツングース系の言語を話す集団の勢力拡張にはトナカイ飼育の採用が影響しているともいわれる。

飼育されたトナカイはツンドラ地帯では橇を曳かせる役畜として利用されるようになり、野生トナカイ狩猟民たち(第一の戦略を採用した人々)の活動を活性化した。そして、トナカイ飼育をともなう野生トナカイ狩猟民の中から、ネネツ、チュクチ、コリヤークといった今日でも強い個性を放つ強力な民族集団が発生した。彼らは帝政ロシアの支配圧力が強化された一七世紀から一九世紀までの間に、いくつかの要因が重なってトナカイ狩猟民からトナカイ遊牧民へと転換した［佐々木 2005］。このトナカイ遊牧への転換は最も新しい生存戦略で、第六の戦略である。

5 おわりに

シベリアの歴史は帝政ロシアの征服に始まるのではない。それは、四万数千年ほど前にホモ・サピエンス（現生人類）が南シベリアに進出したところから始まる。彼らはそこで、彼らより数万年前に定着していたネアンデルタールからムスティエ文化を習得し、そこから多種多様な独自の後期旧石器文化を創り出して、ネアンデルタールが踏み込めなかったシベリア奥地へと足を踏み出した。そして、ヴュルム氷期（またはサルタン氷期）という未曾有の寒冷期を、細石刃を装着した武器で大型の動物を倒しながら生き抜き、さらに後氷期の急激な温暖化という気候の激変を多様な資源の利用とそれに適した用具類、生活様式の開発によって乗り切ってきた。

更新世（約一万年前まで）の中期・後期旧石器の時代では、文化とは事実上、自然環境に適応するために創り出された資源利用戦略だった。ホモ・サピエンスは多種多様な資源を利用するために、それに対応する多種多様な道具類を生み出し、異なる環境に文化の力を使って適応していった。しかし、それでも自然は偉大な存在だった。人類は常に自然と直接向き合い、それと格闘し、交渉し、調和を図りながら多様な文化を育てていった。

完新世（約一万年前以降）に入ると、彼らの適応戦略は様相を変えた。農耕や家畜飼育が始まり、都市建設が始まって、食料生産に直接的には従事しないような人々が出現した結果、人々が自然と直接に向き合う機会が減った。文化を使って適応しなければならない対象は自然ではなく、人間が創り出した文化そのものとなった。いいかえれば、自然環境は文化の制限要因にすぎなくなり、決定要因は人為的なもの、例えば政治的、軍事的な力関係や価値観のようなものになった。すなわち、文化が文化を決定するようになったわけである。

人類の本格的なシベリア進出はホモ・サピエンスによって初めて成しとげられたが、その過程で文化が文化を拘束し、それに対応するために新しい文化が生じるという連鎖反応的な多様性の大爆発が起きていた。現在の民族と多様な生活スタイルの分布は、その多様性爆発の結果である。

しかし、二〇世紀末期あたりから再び様相が変わり始めている。北アメリカと西ヨーロッパを発信源とする交通輸送手段と情報通信技術の急速な普及によって人とモノと情報の動きが加速度的に活性化し、コミュニケーションに関わる文化だけでなく、生活スタイルそのものがグローバル化し、画一化し始めた。そのために、シベリアでも文化の多様性が減じ、かつて暮らしていた地域から人々が撤退し始めている。それは、そのような地域ではグローバル化した情報やモノを手にすることができないからである。現在シベリアでは、グローバル化に対して、人々が文化的にいかに対応していくのかが注目される。情報とモノを求めて、かつて暮らした森やツンドラを捨ててカプセル状の都市に集まるのか、森やツンドラにグローバル化した情報やモノを持ち込んで、数多くの新しい森の文化、ツンドラの文化を再び創り上げていくのか。都市カプセルの肥大化は、地球温暖化や鉱工業資源開発による環境変動、環境破壊の問題の深刻化に大きく関わっている。人類の未来は後者にあると筆者には思われるのだが——。

註

(1) 本書の第2章では、トナカイ飼育がツンドラで開始された可能性も指摘されている。そうなるとトナカイ飼育の伝播・普及に関するシナリオは根本的な修正を迫られる。すなわち、野生トナカイ狩猟民の間で囮猟や野生トナカイの群を追う生活の中から、トナカイを肉畜(救荒食?)として保有するという発想が生まれ、そこに南の牧畜文化が伝えられて、オスの去勢による生殖管理、役畜としての利用、搾乳が始まったことになる。しかし、牧畜文化の伝播・普及の経路はこれではまだ説明はできない。

第2章

トナカイ牧畜の歴史的展開と家畜化の起源

◈中田 篤

1 はじめに

「トナカイ」と聞けば、多くの人がサンタクロースの橇を曳く姿を思い浮かべるのではないだろうか。名前やイメージはよく知られているのに、このトナカイという動物から、シベリアや北欧で今も営まれている牧畜を連想する人はほとんどいないだろう。

日本ではあまり知られていないが、家畜化したトナカイを荷物の運搬や移動に使ったり、その肉や乳を食物とする生活様式は、ユーラシア北部に暮らしてきた先住民の伝統文化を特徴づける代表的な生業とされている。

北方地域の諸民族は、寒冷な気候や積雪といった厳しい自然に適応し、狩猟や漁撈、牧畜など、

写真2-1 トナカイ群の放牧（モンゴル，フブスグル県）．

主に動物性の資源を利用する生活様式を発達させてきた。家畜トナカイは、橇を牽引させたり、馬のように騎乗することによって狩猟の効率を高めるとともに、乳や肉、毛皮などをもたらしてくれる存在として、人々の生活の中で重要な役割を果たすようになったと考えられている。

シベリア先住民の二〇世紀初頭までの伝統的な生業文化の類型として、①タイガの狩猟・漁撈、②北極海沿岸の海獣狩猟、③大河川流域の漁撈、④タイガの狩猟・トナカイ飼育、⑤ツンドラのトナカイ牧畜、⑥ステップおよび森林の牧畜と農耕、の六つが知られている。それぞれにおける比重や役割は異なるが、④と⑤の二つにその要素が含まれることからも、トナカイ牧畜の重要性がわかるだろう[(1)]［佐々木 1991; 高倉 2008］。

一方、世界各地の乾燥地域や寒冷地域でみられる牧畜文化の中で、トナカイ牧畜は代表的な類型の一つとされてきた。例えば梅棹忠夫は、世界の代表的な牧畜民として、①ツンドラにおけるトナカイ遊牧民、②中央アジアのステップにおける馬あるいはヒツジを主力とした遊牧民、③西南アジア、オリエント地方、北アフリカの砂漠・オアシス地域におけるラクダとヤギを主力とする遊牧民、④東アフリカからスーダン一帯にかけてのサバンナにおける牛の牧畜民、の四つを挙げている［梅棹 1976: 122］。

牛、ヒツジ、ヤギなど、世界で牧畜の対象とされている家畜の多くは牛の仲間(ウシ科)に属しており、トナカイはシカの仲間(シカ科)では唯一、牧畜の対象となっている。オス・メスともに立派な枝角を持つ大型のシカ、トナカイの群が放牧される風景は、「牧畜」という言葉にヒツジや牛の群を想像する人たちに対しては、ちょっと異質なものという印象を与えるかもしれない(写真2−1)。

トナカイ牧畜は、北方地域に暮らす先住民の歴史や伝統を理解するうえで、あるいは世界全体の牧畜文化を理解するうえでも、重要な生業であると位置づけられる。本章ではまず、一九世紀末から二〇世紀初頭頃の状況を中心に、ユーラシア北部の各地で営まれてきたトナカイ牧畜のさまざまな様式を概観する。そして、このトナカイ牧畜の誕生や拡散に関して、最新の研究成果を踏まえながらこれまでにわかってきたことを紹介したい。

2 トナカイ牧畜の類型

◆文化要素に基づく五つの類型

トナカイ牧畜は、ユーラシア北部の各地で、さまざまな民族集団によって営まれてきた。地域や民族によってトナカイの管理や利用の方法は異なっていたので、それらを分類する試みがなされてきた。現在は、ロシアの研究者レーヴィンとヴァシーリェヴィチによって提唱された区分が定着している[佐々木 1984]。これは、群の大きさや管理方法、利用方法、物質文化といった文

表2-1 トナカイ牧畜の諸類型

	サーミ型	サモエード型	サヤン型	ツングース型	チュクチ・コリヤーク型
群の大きさ	大	大	小	小	大
牧犬の有無	有	有	無	無	無
害虫の駆除	海風	海風	煙	煙	海風
去勢方法	無血法	放血法	放血法	無血法	無血法
搾乳	有	無	有	有	無
そり	ボート型	傾斜支柱型	無	直立支柱型	肋骨状構造型
騎乗用の鞍	無	無	サヤン型	シベリア型	無
荷駄用の鞍	サーミ型	無	サヤン型	シベリア型	無
民族	サーミ	ネネツ, エネツ, ハンティ	トゥバ, トファラル	エヴェンキ, エヴェン, ネギダール	チュクチ, コリヤーク

出所：佐々木［1984］

化要素に基づいて、サーミ型、サモエード型、サヤン型、ツングース型、チュクチ・コリヤーク型の五つに分類したものである（表2-1）。以下で、それぞれの文化要素について、簡単に紹介してみよう。

◆群の大きさ

管理されるトナカイ群の頭数には大きな幅があるが、これを大規模群と小規模群に二分している。一応の目安として、平均的な家族で二〇〇〜三〇〇頭、豊かな家庭では数千頭ものトナカイを持つ人々の群が大規模、平均的な家族で数十頭、豊かな家族で数百頭のトナカイを持つ人々の群が小規模とされる。

しかし、トナカイ群を「大小」の二つに分ける厳密な頭数の基準があるわけではない。群の大きさよりも、トナカイの肉や毛皮に依存した生業形態を「大規模」、狩猟活動を効率的に行うため、移動・運搬を主目的としてトナカイを飼う形態を「小規模」と考えたほうがわかりやすいだろう。この群の大きさによる分類は、後述のツンドラ型、タイガ型の区分とも一致する。

◆牧犬の利用

トナカイ牧畜民の一部は、ヨーロッパの羊飼いが牧羊犬を使うように、散らばるトナカイを群にまとめたり、群の進行方向を変えたり、柵に追い込んだりするためにイヌを利用してきた。北方諸民族の間では、イヌはトナカイよりも古くから飼育され、猟犬や橇を牽引する橇犬などとして使役されてきたことが知られている。トナカイ牧畜民にとって、オオカミやクマなどの害獣から家畜を守る番犬としてのイヌの利用は一般的だが、トナカイの放牧や管理を補助する牧犬として利用してきた民族集団は限られている。伝統的に牧犬を用いてきたのは、スカンジナビア半島のサーミ、西シベリアのネネツやエネツなどの民族だが、一九世紀末から東方にも伝わり、現在ではサハ、エヴェンの一部、東シベリアのチュクチも牧犬を利用している(写真2–2)。

写真2–2　トナカイ群を集めるエヴェンの牧犬(ロシア，サハ共和国).

◆去勢方法

トナカイの去勢には、大きく分けて、陰嚢を切開して

写真2–3 トナカイの去勢(放血法)の様子(モンゴル, フブスグル県).

睾丸を取り去ったり、潰したりする放血法(写真2–3)と、歯で睾丸を噛み潰す無血法の二つがみられる。一般に、群を作る動物のオス同士は、繁殖期になるとメスをめぐって激しく争うため、群を一つにまとめて管理するのが難しい状態になる。去勢によってこうしたオス同士の争いが減るばかりでなく、気性が穏やかになるため、荷物の運搬や橇の牽引といった仕事に使うのが容易になったり、肉がやわらかくなるといった牧畜民にとって好ましい効果がみられる。去勢されたオスは繁殖能力を失うが、牧畜民にとってより重要なのは仔を産み、乳を出すメスのほうであり、繁殖可能なオス(種オス)は少数いれば十分なのである。このように、家畜を群として管理し、あるいは使役するために役立つ去勢の技術は、牧畜という生業を成立させた重要な要素の一つとされている。

◆害虫の駆除

北方のタイガやツンドラでは、短い夏に大量の昆虫が発生する。その中には蚊やブヨ、アブといった吸血性の昆虫のほか、トナカイの皮膚に卵を産みつけ、孵化した幼虫がトナカイに寄生するハエの仲間もいる。トナカイは害虫から逃れようと動き回るため、害虫があまりに多いと餌を食べる時間が減り、結果的に栄養状態が悪くなることが知られている。

このような害虫の被害を防ぐため、主に海風を利用する方法と煙で燻《いぶ》す方法が用いられてきた。前者は主にツンドラ地域でみられる方法で、害虫が接近できないよう、トナカイ群を強い風が吹きつける海岸地域に連れていくというものである。後者はタイガでみられる方法で、焚き火で煙を立てて害虫の接近を防ぐというものである。

写真2-4 トナカイの搾乳（モンゴル，フブスグル県）.

◆搾乳

出産すると母トナカイは乳を出すようになる。乳牛に比べれば量はかなり少ないが、一部の地域ではトナカイの搾乳が行われてきた。

ツンドラ地域のチュクチやコリヤークといった民族は、搾乳はまれにしか行わなかった。一方、エヴェンキやトゥバ、トファラルなど、タイガ地域の民族は、日常的に搾乳を行い、トナカイ乳を利用してきた。

モンゴル北部に暮らすトゥバは、現在もトナカイ乳を利用している。搾乳はトナカイが出産する五月頃に始まり、乳が出なくなる一一月頃まで、泌乳量に応じて一日一〜三回ほど行われる。搾乳はもっぱら女性の仕事で、一頭ずつ短い杭につながれたメスの両前足を皮《かわ》紐《ひも》で軽く縛り、トナカイの横で立て膝になって、膝に置いた容器に乳を搾る（写真2–4）。トナカイ乳は、チーズなどの乳製品に加工したり、お茶に入れたり、温めてそのまま飲んだりする。

こうした搾乳や乳利用の文化は、次に述べる騎乗とともに、南に隣接する草原の牧畜民からの影響によるものと考えられている。

◆輸送移動手段としての利用

家畜トナカイには、荷物を運搬したり、人間が移動したりする際の動力源としての役割も与え

写真2–5　サーミのボート型トナカイ橇
（北海道立北方民族博物館所蔵）.

写真2–6　傾斜支柱型トナカイ橇
（ロシア，ヤマル・ネネツ自治管区）.
撮影：吉田睦

写真2–7
東シベリア型トナカイ橇
（ロシア，サハ共和国）.

写真2–8
肋骨状構造型トナカイ橇
（ロシア，マガダン州）.
写真提供：呉人恵

られてきた。トナカイの輸送・移動手段としての利用は、橇の牽引、荷物の運搬、騎乗の三つに大別できる。

クリスマスに活躍するトナカイ橇だが、トナカイに橇の牽引をさせてきたのは、主にツンドラ地域の民族である。トナカイ用の橇には、地域によってボート型、傾斜支柱型、東シベリア型、肋骨状構造型などさまざまな型がある(写真2-5~2-8)。これらのうちのいくつかは、より古い時代から北方地域で使われていた犬橇の構造を取り入れたものと考えられている。

荷物の運搬と騎乗は、どちらもトナカイに鞍《くら》を着ける点で共通しているが、鞍を用いるのはサヤン型とツングース型の二つだけである。サヤン型の鞍の形は、荷物用と騎乗用で異なっていることから、荷物の積載は騎乗とは別の起源を持つとする説もある。

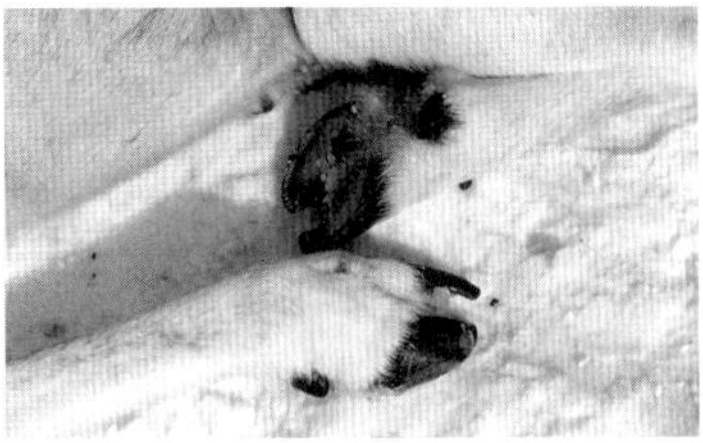

写真2-9
トナカイの蹄(モンゴル，フブスグル県).

とくにタイガ地域のトナカイは大型とされており、馬のように騎乗することができる。馬よりは小さく、歩いたり走ったりする速度も遅いが、トナカイの蹄《ひづめ》は幅が広いため、湿地や雪上での沈み込みが少ないという長所がある。また、蹄が四つに分かれており(写真2-9)、路面の凹凸をしっかりとつかむことができるので、岩場などを移動する際には馬よりも安定感がある。

トナカイを騎乗に用いる二つの型を比較してみると、鞍の形やトナカイへのまたがり方など多くの点に違いがみられる(写真2-10・2-11)。サヤン型に含まれるモンゴルのトゥバの場合、トナカイの背に鐙《あぶみ》付きの鞍を装着し、トナカイの左側からまたがって乗る。鞍を締める腹帯が馬は二本、トナカイは一本であること、馬の手綱《たづな》は輪になっているが、トナカイは一本の紐であることなど細かな違いはあるが、鞍全体としてみると、ほぼ馬と同じような形をしている。腹帯が一本しかないので、左右どちらかの鐙に体重をかけすぎると、簡単に鞍が回って落馬ならぬ落トナカイしてしまうのが難点だ。左手に手綱、右手に鞭代わりの木の棒を持って操る。

写真2-10　サヤン型騎乗（モンゴル，フブスグル県）．

写真2-11　ツングース型騎乗（ロシア，サハ共和国）．

ツングース型のエヴェンの場合、鞍は馬のものとはかなり違う。木の骨組みを毛皮の袋で覆い、トナカイの毛を一杯に詰めたもので、自転車やバイクのサドルのようにも見える。これをトナカイの肩の上あたりに装着し、やはり右手に杖を持って、サヤン型とは逆にトナカイの右側から乗る。鞍が幅広いので、またがるというより、トナカイの肩の前に脚を出して座る感じだ。鐙がないため、両脚がぶらぶらしていて何だか不安である。座る位置が前寄りなので、落トナカイする場合には横にずり落ちるのではなく、前につんのめる感じになる。

◆タイガ型とツンドラ型の二分法

トナカイ牧畜は、前述の五つの分類とは別に、トナカイに対する依存の度合いに応じて大きく二つに分類できる。

一つは主にタイガ地域でみられるもので、数頭から数十頭程度のトナカイを飼育しながら狩猟・漁撈生活を営む様式である。トナカイは移動・輸送手段、そして搾乳の対象として利用され、肉や毛皮を目的に屠殺することは少ない。

他方は、主にツンドラ地域で発達した方法で、季節ごとに大きく移動しながら数百から数千頭に達する大規模な群を飼育する様式である。トナカイの肉や血を食料として、毛皮や腱を衣類などの材料として日常的に利用し、一部の地域を除いて搾乳はほとんど行われない。

さきほどの五類型との関係では、サヤン型とツングース型がタイガ型にあたり、それ以外がツンドラ型にあたる。

3 トナカイの家畜化——狩猟の獲物から牧畜の対象へ

トナカイは、牧畜の対象となるはるか以前から、狩猟の重要な獲物とされてきた。ユーラシア大陸、北アメリカ大陸、グリーンランドなど、現在も北緯六〇度以北の地域ほぼ全体に分布するトナカイは、その分布の広さと頭数の豊富さから、他のどんな動物よりも人によって多く利用されてきた。

トナカイは大きな群を作り、季節ごとに長距離を移動する習性を持つことで知られているが、こうした移動中のトナカイは、北方の先住民にとって恰好の獲物となっていた。狩猟者たちは、谷や崖といった自然の地形や杭などを利用してトナカイ群を囲いや網、行き止まりの場所に追い込んだり、トナカイ群が川や湖を渡るところを狙って大量に捕獲した。

このように、重要な狩猟の獲物だったトナカイが、いつしか家畜化され、牧畜の対象となったわけである。それでは、このトナカイの家畜化はいつ頃、始まったのであろうか。

ここで注意しなければならないのは、単なる飼育と家畜飼育、そして牧畜の違いである。牧畜とは、牛やヒツジなど特定の牧畜的家畜（群を作る性質を持つ草食性の有蹄類）を飼育し、その乳や肉、毛皮などを利用する生活様式の体系である。野生動物を生け捕りにして一時的に飼育するような状況や、農民がブタやニワトリといった家畜を少数飼育する状況とははっきり区別される。

牧畜の対象となる動物は家畜だが、家畜とは、一般に生殖がヒトの管理のもとにある動物とされている。つまり、家畜は単に人に飼育されている動物ではなく、世代を超えてヒトの管理下にある動物ということになる。

一般に、家畜化によって動物の大きさや体つきは変化し、野生の祖先種とは外見が大きく違ってしまうことも多い。例えばイヌの祖先はオオカミと考えられているが、ダックスフントやブルドッグからオオカミの姿を想像することは難しいのではないだろうか。また、人に保護される家畜との餌などをめぐる競争によって、野生の祖先種がその生息数を大きく減らしたり、絶滅したりしてしまうという傾向もみられる。

写真2-12・2-13　さまざまな毛色のトナカイ
(上:ロシア,サハ共和国,下:モンゴル,フブスグル県).

トナカイの場合、野生種とは異なり、家畜種の毛色にはさまざまな変化がみられる(写真2-12・2-13)。しかし、骨の形態を見ても、野生種と家畜種での区別はできないという。また、トナカイ牧畜がさかんなユーラシア大陸には、現在約二五〇万頭の家畜トナカイと一〇〇万頭規模の野生トナカイが生息し、野生群と家畜群は多くの地域で共存している。

トナカイの牧畜が、世界的にも牧

畜という生業の最も古い形であり、その起源は石器時代にまでさかのぼるとする説も提示されている。しかし、トナカイの骨の形態が変化していないことや野生群と家畜群が共存しているという事実から、トナカイの家畜化とトナカイ牧畜の発祥は比較的新しく、約三千年前とする説が有力とされている。

4 トナカイ家畜の発祥地

◆一元説と多元説

トナカイ牧畜の発祥地についても多くの議論があるが、これまでに提示されてきた仮説は、大きく分けて一元説と多元説の二つに分けられる。

一元説は、トナカイの家畜化がある地域で過去に一回だけ行われ、そこから他の地域に拡散していったとするものである。特定の文化的要素、例えばトナカイに装着する面繋《おもがい》の構造やトナカイの誘引に尿や塩を用いる方法などが、トナカイ牧畜全体に共通してみられることなどが根拠とされている。発祥地の候補としては、スカンジナビア半島やシベリア、あるいはより限定して西シベリアやサヤン・アルタイ山脈などが挙げられてきた。

一方、多元説は、トナカイの家畜化が、ユーラシアの異なる地域で、それぞれ別々に複数回起こったとするものである。多元説の根拠は、前述のように、地域によってトナカイ牧畜に含まれる文化的要素が異なることである。こちらの説でも、発祥地としてスカンジナビア半島、シベリアの各地、サヤン・アルタイ山脈、サヤン地方とバイカル地方などが挙げられている。

◆分子生物学的手法の貢献

この問題に関して、ロードらは、スカンジナビア半島からロシア全土にかけてのユーラシア北部の二六地点から、野生トナカイと家畜トナカイの血液や体組織のサンプル七三二個を入手し、DNAを分析した[Røed et al. 2008]。

その結果、まずユーラシア大陸のトナカイは、遺伝的に①ロシア群、②スカンジナビア半島の野生/家畜群、③ノルウェー中央部の野生群、の三グループに分かれ、ロシア群はさらに二つのグループに分かれることが示された。つまり、トナカイの家畜化には三つの異なる中心(ロシア西部、シベリア東・南部、スカンジナビア)があることが示唆されたのである。

次に、スカンジナビアやロシア南東部の山岳タイガに分布する野生トナカイ群は、家畜トナカイの遺伝子プールにほとんど寄与していないことが示された。このことから、ロードらは、家畜トナカイの祖先はタイガ地域に分布するシンリントナカイではなく、ツンドラ地域に分布するツンドラトナカイだったのではないかと推論している。

5 トナカイ牧畜の誕生と拡散

トナカイの家畜化がどのように始まったのかという点についても、いくつかの説が提出されてきた。

一つは「狩猟の囮《おとり》」説である。北方の多くの地域では、飼い慣らしたトナカイを囮にして野生のトナカイを捕獲する狩猟法がみられる。繁殖期に囮オスの角にいくつも輪をつけた紐を結びつけ、野生オスと角突き合いをさせて、角が囮の角の紐にからんだところを捕まえる方法や、同じく繁殖期に数頭の囮メスを放し、それに寄ってきた野生オスを捕獲する方法などがあった。こうした狩猟に使うための囮として野生のトナカイを飼育しているうちに、それが家畜化されていったという考え方である。

二つ目は、「群ごと家畜化」説である。季節ごとに移動する野生トナカイの群に付き従い、年間を通じて狩猟する人々の集団が世界各地にいたことが知られている。こうした人たちが、自分たちが獲物として追跡していた群を独占的に利用するうちに、いつしか家畜化したとする考え方である。

三つ目は、「馬牧畜の影響」説である。前述のように、トナカイ牧畜発祥の有力な候補地とされるサヤン地方やバイカル地方はシベリアの南端にあり、そのすぐ南隣のステップ地域では馬の牧畜が行われてきた。この馬牧畜文化の影響によって、隣接したタイガ地域でトナカイが家畜化されたとする考え方である。

レーヴィンとヴァシーリェヴィチは、サヤン地方とバイカル地方の二元説、そして「馬牧畜の影響」説を採っており、サヤン地方ではテュルク系の馬牧畜民の影響でサモエード系の民族集団が、バイカル地方ではモンゴル系の馬牧畜民の影響でツングース系の民族集団がトナカイ牧畜を始めたと考えた[佐々木 1984]。
一方、この説を発展させたヴァインシュテインは一元説の立場に立ち、トナカイの飼育は紀元前一〇〇〇年期後半、サモエード系民族によってサヤン・アルタイ地域で独自に生み出されたと考えた[Vainshtein 1980]。サモエード系民族は当初、トナカイを肉として、その後は荷物の運搬にも利用していた。紀元後一〇〇〇〜二〇〇〇年期の境目の頃、馬飼育の経験を持っていたテュルク系民族がサモエード系民族のトナカイ飼育を学び、トナカイの騎乗利用や搾乳を発達させた。そして、紀元一〇〇〇年期の中頃にそれがツングース系民族やサーミに伝播したと推測したのである。

これに対してロードらの成果は、トナカイ牧畜の起源が三つと考えられる点、そして家畜化されたのはシンリントナカイではなく、ツンドラトナカイの可能性が高いとした点で、ほぼ定説となっていたヴァインシュテインの説を覆す可能性を秘めている。

遺伝的に家畜トナカイがロシア西部、シベリア東・南部、スカンジナビアの三つの集団に分かれるとする結論は、それぞれの地域で独自にトナカイが家畜化されたという多元説を支持することになる。また、ツンドラトナカイが家畜化されたとすれば、それは当然、ツンドラ地域で行われたであろうから、馬牧畜の影響説は否定され、「狩猟の囮」説あるいは「群ごと家畜化」説が説得力を持ってくることになる。このことを踏まえてヴァインシュテインの説を私なりに修正すると、トナカイ牧畜の誕生と展開を次のように描くことができる。

トナカイの家畜化は、狩猟を営んでいた人々によってロシア西部とシベリア東部・南部、スカンジナビアでそれぞれ別々に行われた。当初はもっぱら食肉用として飼育されていたが、そのうちに荷物の運搬にも利用されるようになった。その後、ツンドラ地域では、犬橇の影響によってトナカイ橇の文化が広がった。一方、タイガ地域では、隣接するステップ地域の牧畜文化の影響を受け、騎乗と搾乳の文化が導入された。

もちろん、こうしたトナカイ牧畜の誕生と展開の仮説をより確かなものにしていくためには、なお多くの検証が必要とされる。トナカイ牧畜の誕生について、はっきりとした結論は出ていないし、ロードらの研究は、非常に大がかりではあるが、広大な北方ユーラシア全域を網羅してはいない。今後、従来のような古文書研究や発掘調査のほか、分子生物学的な手法による研究の進展が、さらに新しい知識を加えていくことを期待したい。

6 おわりに

前述したように、トナカイ牧畜には五つの類型がみられるが、このように多くの類型ができあがった理由を、起源と環境の違いで説明できるかもしれない。

まず、家畜化の三元説からは、スカンジナビア起源のトナカイ飼育がサーミ型に、ロシア西部起源がサモエード型とサヤン型に、シベリア東・南部起源がチュクチ・コリヤーク型とツングース型にそれぞれ発展したと考えられる。サモエード型とサヤン型、チュクチ・コリヤーク型とツングース型にそれぞれ関連があることは、レーヴィンとヴァシーリェヴィチがすでに指摘している

［佐々木 1984］。とくに去勢方法のように、機能的には同じなのに、ある集団では放血法、別の集団間では無血法という別々の方法が共有されているという事実は、それらの集団間に文化的なつながりがあることを示していると考えられる。

表2-2　起源と環境に基づく類型間の関係

環境＼起源	ロシア西部	シベリア東・南部	
ツンドラ	サモエード型	チュクチ・コリヤーク型	【相似】
タイガ	サヤン型	ツングース型	【相似】
	【相同】	【相同】	

そして同じ起源を持つ類型の間の違いには、ツンドラとタイガという環境・位置的条件が影響している可能性がある。高い木がなく、見晴らしのきくツンドラでは大規模な群を管理しやすい、あるいはタイガでは隣接するステップの牧畜の影響を受けやすいなど、起源が違っても、同じような条件のもとで牧畜を行っていると似たような方法に落ち着くのではないだろうか。

生物学の用語を借用すれば、同一起源と考えられるサモエード型とサヤン型、チュクチ・コリヤーク型とツングース型はそれぞれ「相同」、ツンドラ型のサモエード型とチュクチ・コリヤーク型、タイガ型のサヤン型とツングース型はそれぞれ「相似」の関係にあるというわけだ（表2-2）。

トナカイ牧畜は、人類が北方ユーラシアの厳しい環境を克服するための重要な要素であり、さまざまな民族集団によって多様な様式で営まれてきた伝統的な生業である。しかし、トナカイ牧畜に従事してきた人々のほとんどは、現在それぞれの国で少数民族の立場におかれている。そのためトナカイ牧畜は、例えば国境の画定によって自由な遊牧が制限されたり、社会主義政策によって個人のトナカイが国有資産にされるなど、多数派が主導する国の政策によって大きな影響を受けてきた。

トナカイ牧畜は、その多様性が示すように、与えられた環境に応じて変化するという柔軟性を持っていた。そしてかつての伝統的な生業からはずいぶん変化してしまったが、政治的、経済的な環境にも対応したトナカイ牧畜が、現代もツンドラやタイガの各地で営まれ続けているのである。

註

(1) 第1章のホモサピエンスの氷河期後の適応戦略との関わりでいえば、第一の戦略(ツンドラのトナカイ狩猟)はその後の歴史的過程の中で⑤トナカイ牧畜へ、第二の戦略(森林における狩猟・漁撈・採集)は①タイガの狩猟へと変化した。一方、第三の戦略(大河川の漁撈)と第四の戦略(海獣狩猟)はそのまま③と②となる。また、第五の戦略(トナカイをともなう狩猟・漁撈・採集)もとくに大きな変化はなく、④タイガの狩猟・トナカイ飼育となった。第六の戦略(一九世紀までに形成されたトナカイ牧畜)は、ここでいう⑤のことである。説明をつけ加える必要があるのは、前章では言及されていなかった⑥ステップおよび森林の牧畜と農耕であろう。これは中央アジア/内陸アジアの影響のもとで伝播し形成されたトナカイ以外のヒツジ、ヤギ、牛、馬、ラクダなどの家畜を遊牧する生業適応のことで、二〇世紀初頭までにおいては主として南シベリアに分布していた。この南シベリアの先住民の祖先が、紀元一〇世紀前後よりバイカル湖地域からレナ川を北上し、当時レナ川周辺にいた諸民族と融合することで、本書で言及するサハ人が民族形成されたといわれている。実際に、サハ人はトナカイに依存するよりむしろ牛馬に依存する生業をなしており、この点で隣接する他の北方シベリアの先住民とは異質な要素を持っている。

(文責:高倉)

第3章
シベリアのロシア人

◈藤原潤子

1 はじめに

現在、シベリアには数多くの民族が暮らしている。中でもとくに多くを占めるのがロシア民族で、シベリアの人口の約八五パーセントに達するが、シベリアの地には最初からロシア人がいたわけではない。ロシア人が元来住んでいた地域は、ウラル山脈より西のヨーロッパ・ロシアであった。ロシア国家がシベリアを植民地化し、その支配下に治めるようになったのは一六世紀以降のことである。

ロシア人はシベリアの数々の河川、タイガ、ツンドラ、山、ステップを、徒歩やスキーで、あるいは船や馬や犬やトナカイで進んだ。そして西シベリア、東シベリアを経て、一七世紀前半にはオホーツク海に達し、一七世紀末にはカムチャツカ半島、そして一八世紀にはアラスカに到達した(1)。

本章では、一六世紀以降にシベリアに住むようになったさまざまなロシア人を紹介したい。彼らがどのような理由で故地を離れてシベリアに住むようになったのか、またどのような文化的特徴を持っているのかに焦点を当てる。なお、本章でいうロシア人とは、ロシア国民一般ではなく、民族としてのロシア人を指すこととする。

2 シベリアへのロシア人の進出——帝政ロシア時代

ロシア人によるシベリア進出の最大の動機は、別名「やわらかい金」と呼ばれる毛皮である。クロテン、キツネ、リスなど無尽蔵の毛皮獣が棲むシベリアは、商人にとってこのうえなく魅力的な場所であった。毛皮は国家権力の財源としても魅力的であったため、商人と国家の協力関係によってシベリア進出が展開していった。その端緒となったのが、一五八一年にコサックのエルマークによって開始されたシベリア遠征である。裕福な商人グリゴリー・ストロガノフが派遣したこのコサック隊は、一五八二年には西シベリアのシビル・ハーン国の首都を占領した。以後、コサック兵らによって一五八六年にシベリアにおける最初のロシア都市チュメニが、その翌年にトボリスクが建設されたのを皮切りとして、各地に要塞都市が築かれ、シベリア進出の拠点となった。周囲をぐるりと板で囲んだ一七世紀の要塞都市の中には、役場、軍人詰所、国有財産保管庫、武器庫、税関、見張り小屋、ロシア正教会、市場などがあった。要塞の周辺には、商人、鍛冶屋や皮なめしなどの各種職人、農民などが住んだ。こうして雑多な職業集団に属するロシア人を抱えた要塞は、東へ東へと次々に増えていった［Levin and Potapov eds. 1956:120, 136–137］。

シベリアの富を求めて進入してくるロシア人に対して、先住民はほとんど抵抗することができなかったといわれている。先住民たちの人口は少なく、かつ組織化されていなかったため、政治・経済・軍事面におけるロシア人の圧倒的な力の前には無力であった［加藤 1989:444］。ロシア領に編入された土地に住むシベリア先住民には、ヤサクと呼ばれる毛皮税が国家によって課せられることとなったが、前述した要塞はこのヤサク集めの拠点でもあった。役人は先住民たちに納税を強制するために、彼らが信じるシャマン儀式で納税を宣誓させたり、要塞の中に人質をとったりもしたという［加藤 1989:458］。

写真3–1　シベリアのロシア正教会（サハ共和国ヤクーツク市）.

ロシア人によるシベリア進出にともない、ロシアの国教であったロシア正教会も各地に次々と建設され、ロシア人聖職者が続々とシベリアに入ってきた（**写真3–1**）。一六二〇年にはトボリスクを中心として、シベリア初の主教管区が設置され、一七二七年にはイルクーツクを中心

写真3-2　土地の精霊への捧げ物として，多数の布が結びつけられた木．
正教が伝わって久しいが，現在でもこのような土着の信仰が
サハの各地で見られる（サハ共和国スレドネコリマ郡）．
写真提供：酒井徹

として第二の主教管区が設置された［阿部 1981:63; リュビイモフ 1914＝2008（1945）:321, 325］。正教会が建設されたのは、シベリアに移住したロシア人の精神的よりどころのためばかりではなく、先住民の教化のためでもあった。ロシア人伝道者にとって、シャマニズムなどの土着の宗教を信仰する先住民は野蛮な異教徒であり、真の信仰に導くべき対象であった［Erokhina 1998:11］。ロシア人をはじめとする正教徒の流入、および先住民の改宗により、正教はシベリアにおける支配的宗教になった。一九世紀末に行われた人口調査によると、シベリアの全住民中八五・八パーセントにあたる四九四万人が正教徒であり、うち先住民正教徒は四七万人である［リュビイモフ 1914＝2008（1945）:358］。ただし先住民の改宗には、正教徒になればヤサクを逃れられるというような経済的な利点によるものも多かった（写真3-2〜3-4）。

こうした帝国の拡大にともない、シベリアとヨーロッパ・ロシアを結ぶ郵便制度が必要とされるようになった。そのため、一七世紀になるとシベリア各地に作られた要塞と要塞の間に街道が作られ、数十キロおきに宿場が置かれ、ヨーロッパ・ロシアから家族ぐるみで送られてきたロシア人が御者として配置されるようになった［阿部 1981:63］。一八世紀初めにはシベリアの駅逓には

約七千人の御者が働いていたといわれる［Levin and Potapov eds. 1956:140］。広大なシベリアの地では、首都ペテルブルグから行政文書一つを送るにも、大変な時間を要した。一八世紀当時、ペテルブルグからバイカル湖畔に位置するイルクーツクまでの郵便は、早くて一カ月、春と秋の悪路の季節には三カ月も要したという［加藤 1989:462］。こうして街道沿いにできた宿場が、次第にロシア人の住む村に発展していった。

ロシア人が進出してまもなく、シベリアで農業が始まることになる。シベリアでは、ロシア

写真3-3・3-4　ソ連時代末期から，
一部のサハ人インテリの間で伝統宗教の復興運動が始まった
（サハ共和国ヤクーツク市）．
上：復興運動のリーダー L. A. アファナーシエフ氏．
新たに作られた宗教施設の壁には神々の絵が見える．
下：施設内に作られた祭壇．サハの世界観が描かれている．
ここで復興されている伝統が「本物」か否かについては
賛否両論がある．

人の進出以前から先住民によって農業は行われていたが、微々たるものにすぎなかった[Levin and Potapov eds. 1956:140]。シベリアへは当初、ヨーロッパ・ロシアから食料が供給されていたが、膨大な距離のために輸送が困難であり、供給は滞りがちだった[鳥山 1995]。そのため、穀物の自給が目指されるようになり、一五九〇年代には政府が農民のシベリアへの移住を推奨するようになった。こうした移住者に加え、ヨーロッパ・ロシアにおける領主の支配に耐えかねた逃亡農奴、農業を行っていなかった先住民なども、シベリアで農業に従事するようになった。シベリアでの主な作物は、小麦、ライ麦、カラス麦、大麦などの穀類、タマネギ、キュウリ、ニンジン、キャベツ、カブなどの野菜である。一八世紀初頭には、シベリアではパンを自給できるようになり、先住民もパンを食べるようになった。一九世紀半ば以降は、現在のロシア人の最重要作物であるジャガイモの栽培も広く行われるようになった[Levin and Potapov eds. 1956:133–134, 147, 150]。一八六一年に農奴解放が行われてからは、ヨーロッパ・ロシアで土地が不足するようになり、農民のシベリアへの移住が増えた。その後、一八九六年に開通したシベリア鉄道により、さらに移住者は増えた。一九世紀末には西シベリアは重要な穀倉地帯に成長し、かつてとは逆にヨーロッパ・ロシアへ穀物を供給するまでになったのである[加藤 1994(1963):104]。

先に逃亡農民に言及したが、シベリアは宗教的迫害を受けた者が逃げていく場でもあった。こうした宗教的マイノリティの代表が、古儀式派(あるいは旧教、分離派)と呼ばれる、ロシア正教の一派である。古儀式派はモスクワ総主教ニコンによって一七世紀後半に行われた典礼改革に同意しなかった人々、およびその末裔である。改革派の推進するギリシャ風の典礼を否定し、ロシアに古くから伝わる典礼を真の正教として守ろうとした彼らは、一六六六年に異端として呪詛され、国家権力による迫害にさらされた。こういう人々にとって、中央から遠く離れたシベリアの地は、迫害を逃れて隠れ住むには絶好の地であった。彼らはしばしばグループ単位でシベリアに移住し、農業を基盤として新たな村を作っていった［Levin and Potapov eds. 1956:138］。

シベリアはさらに、流刑の地でもあった。シベリアの流刑史は、シベリアの「発見」とともに始まるといわれる。シベリアへは当初、戦争捕虜や失脚した政府高官などが流されてきた。また、先の古儀式派のような宗教的マイノリティも流された。寒さが厳しく移動が困難なシベリアは天然の牢獄であり、政府に都合の悪い人間を隔離するのに絶好の場であった。しかし農耕の必要性が認識され、さらに一八世紀以降はシベリアの鉱山資源の重要性から労働力の需要が高まったことにより、流刑には処罰という意味のほかに植民もしくは強制労働の役割が強く加味されるようになった。その結果、労働力確保のために流刑の範囲が著しく拡大されることとなった。この時期には、殺人や強盗のみならず、非常に軽微な犯罪、あるいは単に「浮浪者である」という理由だけでシベリア送りになることがあった。また一八世紀後半に入ると、「植民のため」という理由で地主に農奴をシベリア送りにする権限が与えられた［相田 1966:42–43, 47–48; Vlasova 1999:115］。

こうしてさまざまな理由により、ロシア人がヨーロッパ・ロシアからシベリアへやってきた、あるいは送られてきた。その結果、一七世紀末にはすでにロシア人の人口は先住民を超えるようになり、一九世紀後半から二〇世紀初頭にはシベリアの人口の七五パーセントを占めるまでになった［Levin and Potapov eds. 1956:9; Vlasova 1999:49］。一九一七年の社会主義革命前夜には、シベリアには七四〇万ものロシア人が住むようになっていたのである[Arutiunian et al. eds. 1992:14–15]。

3 ソ連期におけるロシア人の流入

一九一七年のロシア革命後、ソ連時代に入っても、シベリアへはさかんにロシア人が流入した。ただし革命前の移民が農業を主な動機とし、都市住民は一〇パーセントに満たなかったのに対し、ソ連時代に入ると別の動機が現れる[Levin and Potapov eds. 1956:137, 145]。一九二〇〜三〇年代、工業的発展が遅れていた地域の開発がさかんになったが、そのような地域の一つであるシベリアでも労働力の需要が高まり、多数の労働者が流入したのである。一九二六年に行われた国勢調査によると、この年にシベリアには二三二万人以上が流入している[Arutiunian et al. eds. 1992:14, 29]。

この時期にはまた、強制されて送られてくる者も増えた。農業集団化にともなって行われた富農《クラーク》追放がそれである。富農として搾取者のレッテルを貼られた者は財産を没収され、シベリアのほか、ヨーロッパ・ロシア北部、ウラル地方、カザフスタンなど、ヨーロッパ・ロシアから遠く離れた場所に追放された。これらの地域に一九三〇〜三一年の間に送られた者は、三八万家族以上とされる。またスターリンの粛清により、多数の罪なき人々が逮捕され、流刑に処されたが、シベリアはウラル、中央アジアなどと並ぶ主要な流刑先であった。これらの地域に一九二六〜三九年の間に送られた人々は少なく見積もっても五〇〇万人おり、その大部分がヨーロッパ・ロシア出身のロシア人であった。シベリアに送られた人々は、ノヴォクズネツクやコムソモーリスク・ナ・アムーレなどの新たな産業都市の建設や、資源開発などのための北極圏をも含む僻地での新村建設などに従事させられた。これらの囚人によってシベリアの人口は急激に伸び、例えばロシアの東端のマガダン州、カムチャツカ州、サハリン州を合わせた一九三〇年の人口は六万五千人以下だったが、一九四〇年には三二万人を上回るまでになった[Arutiunian et al. eds. 1992:30–31]。

その後、第二次世界大戦時には、ヨーロッパ戦線から遠いシベリアへ、ソ連のヨーロッパ部(ロシアのほかにウクライナ、ベラルーシ、バルト諸国など)の住民が大量に疎開してきた。こうした疎開者は戦後に故地へ帰った者もいたが、戦火で家や家族・親戚を失ったために、戦後もそのままシベリアに残った者が少なくなかった[Arutiunian et al. eds. 1992:30]。

戦後もまた、処女地開拓、水力発電所建設などの大規模開発が行われ、労働力が求められたため、移民が流入し続けた。全ロシア内で一九四六～五三年に移住を行った世帯は一八万六五〇〇にのぼり、うちシベリアへの移住が四〇パーセント弱を占めた[Arutiunian et al. eds. 1992:30–31]。

このように、シベリアへは四〇〇年にわたって移民が流入し続けてきたが、ソ連崩壊後、初めて人口が減少に転じた。人口流出は、もともと十分ではなかった産業インフラおよび生活インフラが崩壊したことと、それにともなう賃金低下や失業率の上昇などの要因によるものである。ただし、この時期にシベリアを去ったロシア人は、主にソ連時代の開発の際に労働力としてシベリアに入ってきた人々である。比較的新しい時期に入ってきた彼らは、まだシベリアの気候や文化に適応しておらず、また故郷とのつながりも失っていなかったために、社会経済状況の変化に応じて再び移動していった[Boronoev 2003]。一方、すでに何代にもわたってシベリアに住んでいるロシア人の多くは、故地の親戚とのつながりも薄れており、帰る場所はない。彼らにとってはシベリアこそ故郷であり、今後もシベリアに根を下ろして暮らしていくのである。

4 シベリアのロシア人サブグループ——先住民文化との遭遇

シベリアのロシア人のうち、おおむね革命以前にシベリアに移住したロシア人の子孫グループは「古参ロシア人」と呼ばれる。古参ロシア人の文化は、旧来の居住地から長らく遠く離れていたこと、新天地で新たな自然環境に適応しなければならなかったことにより、独自の発展を遂げている。また、タタール人、ツングース人、ブリヤート人、サハ人、ユカギール人などのシベリア先住民の文化に遭遇したこと、彼らと混血したことも独自の文化発展の原因である。混血が進んだ背景には、シベリアへのロシア人植民者の数は男性が女性を大きく上回っていたため、先住民の女性と結婚する例が少なくなかったことがある［クズネツォフ 1914＝2008（1945）：297］。こうした過程でシベリアには、自らがロシア人であるという自意識を持ちつつも、「ロシア人一般」とは異なる集団であると認識する集団が形成されていった。これらはロシア人サブグループと呼ばれる。カムチャツカ半島のロシア人カムチャダール、北極海に注ぐインディギルカ川下流に住むルスコウスチーネツ、バイカル湖付近の古儀式派グループのセメイスキーなどがその例である［伊賀上 2008］。

シベリアのロシア人サブグループに属する人々は、混血のために通常のロシア人とは異なるアジア系の風貌を持っていることが少なくない。先住民言語を母語とし、ロシア語をうまくしゃべることができない人々もいる。トナカイ肉や生魚を主な食料とするなど、食文化や生業などの面において著しく先住民の文化的影響を受けている例もある[クズネツォフ 1914=2008(1945):298–299]。本節では、このようなロシア人サブグループのうち、東シベリアのレナ川上中流域に分布するロシア人サブグループを紹介したい。情報は二〇〇八〜〇九年に筆者がこの地域のサハ共和国ハンガラス郡シンスク村で行った調査に基づく。

レナ川流域は一七世紀前半にロシア帝国領に編入され、中央との連絡のための駅逓馬車街道が発達していった[Romanov 1998:5]。それにともない、御者として多くのロシア人が自ら望んで、あるいは強制されてこの地にやってきたが、シンスク村も元はこうした宿場の一つである。一八世紀前半にイルクーツク—ヤクーツク間を結ぶ駅逓馬車の宿場として設置され、のちに御者の家族たちが農業も行うようになり、村に発展していった。

ロシア人が入植したこの地域にはもともと、馬・牛の牧畜を主な生業とするサハ人が住んでいた。サハ人はかつて家族・親族単位で移動しながら暮らしていたが、ロシア人の村ができるにつれて、サハ人も徐々に村に定住するようになっていった。二〇〇九年現在、シンスク村の人口は約千人、三五〇世帯で、民族構成はロシア人とサハ人がほぼ半々である。ただし事実上、大多数が混血である。

シンスク村の人々は一様に、ロシア人とサハ人が協力して仲良く生きてきたことを語る。「サハ人はロシア人に服(毛皮)を着せてやり、ロシア人はサハ人にパンを焼いてやった」、「ロシア人

写真3-5
レナ川で漁をする人々．
夏には
ウスリーシロザケ類の
稚魚が獲れる．

写真3-6
魚を捕るためのかご．
湖に沈めておく．

写真3-8　橇を曳く馬．
ヨーロッパ・ロシアでは，このような風景は
今やほとんど見られない．

写真3-7
サハ人男性とロシア人女性の夫婦．
ジャガイモを収穫中．

はジャガイモや穀物をサハ人に与えた。サハ人は家畜の飼い方や魚の捕り方をロシア人に教えた」というのが典型的な語り口である（写真3-5〜3-8）。現在、シンスク村では家庭内での生産活動が生計を立てるうえで重要な位置を占めているが、そこではロシアの伝統とサハの伝統がミックスされている。「サハ人は葉っぱを食べない」のが伝統であるが、現在ではロシア人、サハ人を問わず、どの家でも家庭菜園が作られ、ジャガイモ、キュウリ、キャベツ、トマトなどが栽培されている（写真3-9）。伝統的に、馬飼育はサハ人の間で、牛飼育はロシア人の間でよりさかんだったが、多くの家庭でどちらも重要な家畜となっている（写真3-10）。

シンスク村では、建築物においても

ロシア文化とサハ文化の混合が見られる。村では家畜小屋は皆、丸太を縦に組んで壁面に牛糞を塗ったサハ風の小屋であり、かならずサハ語の「ホトン」という名で呼ばれる(写真3-11)。暖房装置がないにもかかわらず、牛糞のおかげでホトンの中は暖かく、マイナス三〇〜五〇度にもなる真冬でも牛が過ごすことができる。一方、ホトン以外の村の建物は基本的にすべて、横組み丸太の壁面に板張りの床がついたロシア風の建物である(写真3-12)。かつてサハ人は床に板を張らな

写真3-9　屋敷地内に作られたジャガイモ畑.

写真3-10
牛馬のための
干草作りは
夏の最も大切な
仕事である.

写真3-11
サハ風の
縦組み丸太の
牛小屋.

写真3-12
ロシア風の
横組み丸太の
草刈小屋.

写真3-13
レナ川にパンとキュウリを「食べさせて」から漁を行う人々.

かったが、ロシア風の板張り床は暖かいということで、現在ではすべての家でそれが「普通」になっている。こうして、両民族は知恵を出し合い、厳しい自然条件のこの地で、さらにうまく適応して暮らすようになったのである。

この村では宗教的慣習に関しても両文化の混合が見られる。村の人々はロシア人もサハ人も、頻繁に自然に「食べさせる」という行為を行う。例えば川で漁をする時、森で野生のベリーを摘む時、かまどで食事の煮炊きをする時など、ことあるごとに「川に食べさせないといけない」、「森に食べさせないといけない」、「火に食べさせないといけない」と言って、あちこちに食べ物を置いたり投げ込んだりするのである（写真3-13）。これは元はサハ人の古い慣習であり、ヨーロッパ・ロシアに住むロシア人の間では見られない行為である。

このようにサハの宗教的習慣がロシア人の間にも根づいていると同時に、ロシア人がこの地に持ち込んだロシア正教も村になじんでいる。村には一九世紀に正教会が建てられ、出生・結婚・死亡の登録などの役場的な役割も担っていた。その後、無神論を公式イデオロギーとする社会主義政権によって教会は閉鎖され、別の用途に転用された末に破壊されてしまった。しかしソ連崩壊後、現在に至るまで、サハ人を含む村人たちは教会復興の努力をしている。村では近年、地球温暖化の影響による永久凍土融解により、大規模な地盤崩落が起きているが、ソ連時代の教会破壊はしばしば、この自然災害の「原因」としても語られる。このように宗教面においても、二つの文化は共存しているのである。

レナ川中流域に共通する言語状況も興味深い。一七世紀からこの地域に入植したロシア人たちは、故地を遠く離れてサハ人の間で暮らすうちに次第にロシア語を忘れ、サハ語を母語とするようになっていった[Vasil’eva 1998:38; Petrova 2004:57]。また、自分たちがロシア人であるというアイデンティティさえ失い、単に「農民《パーシエンヌイエ》」あるいは「サハ人」と自称するようになっていった。現在、中年・老年世代にその親の世代について話を聞くと、「母は金髪碧眼のロシア人だったけれど、サハ語しか話せなかったよ」などと語ってくれる。ソ連時代に入ってからは、サハ人の民族自治共和国が成立したことにより、若い世代の間でロシア人であるという自意識が復活していった。そしてロシア人に対してはロシア語による教育が行われるようになったため、再びロシア語を思い出した[Vasil’eva 1998:38; Petrova 2004:57]。しかし、現在でも老人世代はサハ語のほうが得意で、日常生活ではサハ語が優勢である。

現在、シンスク村の学校では、ロシア語、サハ語の両方によって教育が行われたり、科目として教えられたりしており、すべての住民が両方の言葉を話すことができる。あるいは話さないまでも理解することはできる。こんな村での人々の言語活動は実に興味深い。例えばロシア人の姉妹がロシア語で話していたかと思うと、途中からしばらくサハ語に変わり、再びロシア語に戻る。

写真3-14　冬送り・春迎えの祝日に民族衣装を着て，祖先から伝えられてきた歌を歌う．

あるいはサハ語交じりのロシア語や、ロシア語交じりのサハ語で話す。こんな話し方について、村人たちは冗談まじりに言う。「外から来た人たちは、私たちがしゃべるのを聞いて驚きます。私たちは自分の考えをしゃべる時、一つの文章を最初から最後まで同じ言葉で言うことができないんです。ロシア語になったりサハ語になったり。私たちはこのことを自分たちで笑っているんです。一つの言葉で一つの文章を終えるのは難しいんです」。

シンスクの人々はまた、民謡をめぐる歴史も笑い話にしている（写真3-14）。この地ではロシア語が忘れられた後も、祖先から伝えられてきた歌は残った。しかしロシア語を忘れたロシア人が歌い継いだため、一部の歌詞が意味不明になったり、文法的に間違った形に変化したりした［Charina ed. 1994］。この間違いはソ連時代に入ってから、教師などとしてヨーロッパ・ロシアから新たに村にやってきたロシア人によって訂正されたという。まともなロシア語が話せないと冗談ぽく、あるいは自嘲気味に話す村人たちは、自分たちが「一般のロシア人」とは異なること、そして外からもそう見られていることを認識している。ここのロシア人は郡の外に出ると、サハ人の間ではロシア人とみなされ、ロシア人の間ではサハ人とみなされるのだという。

シンスクの例に限らず、一般に古参ロシア人と先住民の関係は良好である。先住民の言葉を覚え、習慣を取り入れ、先住民と混血している古参ロシア人は、先住民から仲間や親戚として受け入れられている[Boronoev 2003]。その一方で、比較的新しく一時的な労働者のつもりでシベリアに入ってきた人々の場合、先住民言語を知る人は多くない。シベリアにおいても、大学教育現場や行政その他の公共の場で圧倒的な優位性を持つのはロシア語であり、先住民言語を知らずとも生きていけるのである。そのため、先住民の側からも、何代にもわたって土着化した古参ロシア人と新参者のロシア人は、異なるロシア人として認識されている。「われわれのロシア人／よそのロシア人」などのように区別されるのである。(2)

5 シベリアっ子アイデンティティとシベリア地方分離主義

アイデンティティとは一般に重層的なものである。前節では、ロシア人であるという民族的アイデンティティの細分化を見たが、それと同時に、民族の枠を超えたアイデンティティも生まれている。これはシベリアという地理的領域を基盤とした「シビリャーク(シベリアっ子あるいはシベリア人)・アイデンティティ」であり、シベリアに居住するロシア人その他の外来者、および先住民すべてが含まれる。ある研究者がイルクーツク州でさまざまな民族・社会層に属する人々を対象として行った調査によると、九〇パーセント近くの人々が自らをシベリアっ子であるとした[Sverkunova 1996]。

では、シベリアっ子とはどのような性質を持った人々なのだろうか。彼らが考えるところによると、シベリアっ子は我慢強く、働き者で、正直で、善良で、非民族差別的、民主的である[Sverkunova 2000]。こうした性格が形成された背景としては、自然条件が厳しいこと、シベリアがそもそもから多数の先住民を含む多民族地域であったこと、国家の中枢から遠く離れていたために生活における自由度が高かったこと、農奴制がなく貴族もいなかったこと、シベリアには自由を求めてやってきた逃亡者が多かったことが指摘されている[Boronoev 2003]。

シベリア全体を包括するシベリアっ子アイデンティティは、インテリを中心とした一部の人々の間では、シベリア地方分離主義と結びつくこととなった。これはロシア中央に対してシベリア独自の利益を主張するもので、シベリアのロシアからの独立運動をも含んでいる。シベリア地方分離主義は一九世紀後半から二〇世紀初頭にかけてさかんに論じられるようになり、中央政府から危険視されたイデオローグたちは逮捕されることとなった[Boronoev 2003]。

その後、ソ連時代に入ると、ソビエト政権下のすべての住民を束ねて「ソビエト人」とするプロパガンダにより、分離主義は下火になった[Boronoev 2003]。しかし、ポスト・ソ連時代に入ってからは再び活発化しており、分離独立を主張するさまざまなグループが生まれている。そのうち、最も急進的なグループの一つ「シベリア解放軍」(3)のメンバーは、次のような主張を行っている。四〇〇年にわたるシベリア進出の過程で、シベリア人という新しい民族が生まれた。シベリア人はシベリア先住諸民族の信仰や習慣を受け入れているため、宗教上もヨーロッパ部のロシア人とは異なる。また、シベリアはヨーロッパ・ロシアよりも中国をはじめとするアジアとより大きな経済関係を持っている。——このような観点から、シベリアの独自性が主張されるのである。さらに、モスクワの経済のほとんどがシベリアの石油、ガス、金属によって成り立っており、シベリアはモスクワの植民地状態にある、この状態から脱するべきだとも強く主張される［Khandogin 2010］。

シベリアとロシアの関係について、分離主義者が比較対象として挙げるのが、アメリカ合衆国とイギリスの関係である。米国はイギリスからの移民をはじめとする人々から成るが、イギリスによる搾取への不満がつのり、独立への道を歩んだ。これと同様に、シベリアもロシアから独立し、繁栄の道を模索すべきであると主張されるのである［Ivanich 2010］。しかし、こうした運動は大勢の賛同を得るには至っておらず、当面シベリア独立の見込みはなさそうである。

6 おわりに

シベリアのロシア人と話していて驚いたことがある。モスクワその他、ウラル山脈よりも西に行くことを、彼らは「ロシアへ行く」と表現し、モスクワなどから来た人については、「ロシアから来た」と表現するのである。もちろん彼らは、シベリアがロシアという国家の一部であることは知っている。しかし、シベリアはロシアでありつつ、ロシアではない場所なのである。

こんなシベリアにおけるロシア人の歴史からは、文化変容のダイナミズムを見て取ることができる。シベリアの環境と先住民文化は、ロシア語を話せないロシア人、非常にアジア的な風貌を持つロシア人など、ロシア人を多様化し、シベリア人という新しい民族の萌芽さえも生み出した。一般に民族というものは原初的なものであると信じられがちであるが、シベリアのロシア人の歴史は、民族という枠組みが流動的なものであることを教えてくれる。それは自然・社会環境によって常に変化しうるものなのである。

註

(1) ただし、アラスカは一八六七年にアメリカ合衆国に売却された。
(2) シベリアのロシア人のアイデンティティ、および先住民からみたシベリアのロシア人像については、Bakhtin et al. [2003] にくわしい。
(3) M・クレホフらをリーダーとして一九九八年に結成。グループ名があまりに急進的であると指摘するロシア連邦保安局の圧力により、二〇〇〇年に「シベリア地域オルタナティヴ」と改名した [Ivanich 2010]。

❊コラム1

シベリアの諸民族

吉田 睦

本書で扱っている「シベリア」の範囲であるウラル山脈以東のロシアには、全ロシア人口(一億四五〇〇万人強)の約二七パーセントにあたる三九〇〇万人強が居住している(人口統計は二〇〇二年の国勢調査による、以下同)。この地域の面積はロシア全体の七七パーセントを占めることを考えると、ロシアの中でも人口が希薄であることがわかる。ロシア全体でロシア人の占める割合は約八〇パーセントであるが、シベリアにおいてはさらに高く、八五パーセント程度を占めている。このように現在のシベリアは、ロシア人が圧倒的多数社会を構成するという意味では、一部の共和国を除くと他のロシア国内諸地域と似た民族状況であるといえる。

とはいえ、シベリアの民族状況は少なからず複雑である。まず、ロシア人とともにウラル以西よりさまざまな時期に移住してきたタタール人、ウクライナ人、ユダヤ人等がいる(極東のハバロフスク西方にはユダヤ自治州がある)。これらの人々のほかに、ロシア人が一六世紀以降にウラル山脈以東へ進出する以前からこの地域に居住してきた諸民族も、現在に至るまで連綿として居住している。その多くはロシア人の流入後、順次、相対的に少数派になり、少数民族として存続している民族も多いが、共和国内で多数派を構成している民族もある。

ソ連期には、このうち人口が数万人以下の、少数でかつ生業等の生活様式などで差異化された二六民族を「シベリア北方少数民族」とし、一定範囲での自治や保護・同化政策の対象にした。ソ連崩壊後は、五万人以下の特定の民族を「ロシア連邦先住少数民族」というカテゴリーで法的にまとめられた集団があり、二〇一一年現在、四七民族を数える。その大部分(四〇)はシベリア・北方地域の少数民族であるが、このカテゴリーには、ヨーロッパ・ロシア地域の少数諸民族も含んでいる。他方で、前記のソ連期の「シベリア北方少数民

冬送り・春迎えの祝日を祝う
古参ロシア人
(サハ共和国ハンガラス郡).
撮影:藤原潤子

馬乳酒祭りで輪舞するサハの人々
(サハ共和国メギノ・カンガラス郡).
撮影:高倉浩樹

族」にシベリアやヨーロッパ・ロシア北部の民族集団を加えた「ロシア北方、シベリア、極東先住少数民族」というカテゴリーも存在し、現在、四一民族を数える。後者も各種法令において一つの集団として扱われ、またこれらを統率する社会団体(RAIPON)が存在する。

本書では、ロシア人の東方進出以前よりシベリアに居住してきた民族を全体として「シベリア先住民」、その中でも総人口が五万人以下の少数である民族を「北方少数民族」として便宜的に使い分けている。

これらの諸民族の中には、ロシア連邦内の共和国を有している民族(ブリヤート、サハ、トゥバ、アルタイ、ハカス)もある。最大の人口を有するのはサハ(ヤクート)人で、サハ共和国内ではロシア人を上回る四三万人余、全体の四六パーセントを占める(ロシア人は四一パーセント)。ブリヤート人はブリヤーチヤ共和国人口の二八パーセント(二七万人余)にすぎない。同様にアルタイ人

トナカイと旅するエヴェンの女の子
（サハ共和国オイミャコン郡）.
撮影：高倉浩樹

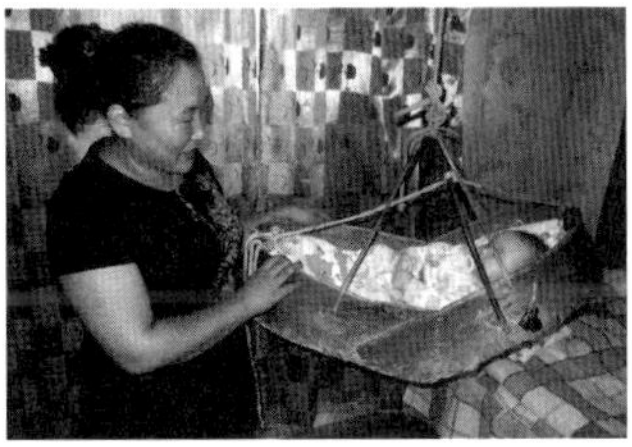

赤ん坊をあやすエヴェンキの女性.
このゆりかごは，トナカイの背に載せて
運ぶこともできる（サハ共和国アルダン郡）.
撮影：藤原潤子

（共和国内六万二千人、三〇パーセント）もハカス人（六万五千人、一二パーセント）も、それぞれの共和国においてロシア人のほうが圧倒的に多い構成になっている。これに対して、南シベリアのトゥバ人はトゥバ共和国の七七パーセント（二三万人余）を占める（独立国であったトゥバは一九四四年、最後にソ連邦に加盟した特異な歴史的背景を持つ）。

さらに、少数民族と呼ばれる多様な諸民族が各地に居住する。これらの中には「自治管区」を有する民族（ネネツ、ハンティ・マンシ、チュクチ、ドルガン、エヴェンキ、コリヤーク。これらのうちドルガン、エヴェンキ、コリヤークは二〇〇七～二〇〇八年に自治管区が廃止された）があり、またこのような行政単位を有しない諸民族も多い。日本に近い沿海地方やハバロフスク地方には、ツングース系諸民族（ナーナイ、ウデヘ、ネギダール等）や孤立語系のサハリンの少数民族ニヴフ等が居住する。少数民族の中には、トナカイ牧畜や伝統漁撈・狩猟などに従事している人たちも少なくない。一方で雇用状況のよくない都市や集落で非熟練労働に従事せざるをえない人、あるいは失業状態にある人も少なくなく、民族語や民族文化を失うこととともに社会問題となっている。また、サハ共和国のように先住の民族が構成する共和国の中にはさらに少数民族を抱えるところも少なくない。そこではロシア人―サハ人―少数民族という入れ子式の階層構造が、陰に陽にできている。このような民族状況においては、ソ連のペレストロイカ期以降、ソ連時代の政治状況に加えてこれらの階層構造もあり、それまで抑圧されてきた不満が噴出したり、差別問題が表面化したりすることもあった。現在、ソ連時代には抑制されてきた自民族伝統文化を復興する動きが急速に進み、シャマン儀礼等の祭祀・祭礼の催行、民族語での教育や出版・放送、舞台芸術活動などが盛んに行われるようになっているところが多い。

言語系統	シベリアに暮らす諸民族（ウラル管区・シベリア管区・極東管区合計. 2002年）			ロシア連邦における人口（2002年）
	「ロシア北方少数民族」認定民族	左記以外のシベリア先住民	先住民以外	
（古アジア）エスキモー・アリュート	479			540
（古アジア・チュクチ）カムチャツカ	データ無し			データ無し
テュルク		66,478		67,239
（古アジア）チュクチ・カムチャツカ	3,071			3,180
ツングース	327			346
（インド・ヨーロッパ）スラヴ			1,011,162	2,942,961
ツングース	1,622			1,657
ツングース	2,852			2,913
ツングース	18,886			19,071
ツングース	34,989			35,527
（古アジア）エスキモー・アリュート	1,665			1,750
（ウラル）サモエード	221			237
ツングース	644			686
（ウラル）サモエード	818			834
ロシア語＋イテリメン語	2,257			2,293
テュルク	3,035			3,114
（古アジア）ケット	1,385			1,494
（古アジア）チュクチ・カムチャツカ	5			8
（古アジア）チュクチ・カムチャツカ	8,452			8,743
テュルク		439,843		443,852
テュルク		9,380		9,611
テュルク	13,684			13,975
（ウラル）サモエード	4,133			4,249
モンゴル	2,762			2,769
漢語＋ロシア語	264			276
テュルク			935,022	5,544,990
テュルク	850			855

資料1 シベリアに暮らす諸民族一覧

	民族名		主要な居住地域（現ロシア連邦行政区）	伝統生業
1	アリュート	Aleut	カムチャツカ地方	海獣狩猟・漁撈
2	アリュートル	Alutor	カムチャツカ地方	海獣狩猟・漁撈・トナカイ牧畜
3	アルタイ	Altai	アルタイ共和国ほか	ステップ型牧畜・狩猟
4	イテリメン	Itel'men	カムチャツカ地方	海獣狩猟・漁撈
5	ウイルタ（オロッコ）	Uilta	サハリン州	トナカイ牧畜・狩猟・漁撈・海獣狩猟
6	ウクライナ	Ukrainian		
7	ウデヘ	Udehe	沿海地方，ハバロフスク地方	狩猟・漁撈
8	ウリチ	Ul'chi	ハバロフスク地方	狩猟・漁撈
9	エヴェン	Even	サハ共和国，マガダン州，カムチャツカ地方ほか	トナカイ牧畜・狩猟・漁撈
10	エヴェンキ	Evenki	サハ共和国，クラスノヤルスク地方ほか	トナカイ牧畜・狩猟・漁撈
11	エスキモー（ユピック）	Eskimo (Yupik)	チュクチ自治管区，カムチャツカ地方	海獣狩猟・漁撈
12	エネツ	Enets	クラスノヤルスク地方	トナカイ牧畜・狩猟・漁撈
13	オロチ	Orochi	ハバロフスク地方	漁撈・海獣狩猟
14	ガナサン	Nganasan	クラスノヤルスク地方	トナカイ牧畜・狩猟・漁撈
15	カムチャダール	Kamchadal	カムチャツカ地方	漁撈・狩猟
16	クマンディン	Kumandin	アルタイ地方，アルタイ共和国，ケメロヴォ州	ステップ型牧畜・狩猟
17	ケット	Ket	クラスノヤルスク地方	狩猟・漁撈・トナカイ牧畜
18	ケレック	Kerek	チュクチ自治管区	狩猟・漁撈
19	コリヤーク	Koryak	カムチャツカ地方，マガダン州ほか	トナカイ牧畜/海獣狩猟/漁撈
20	サハ（ヤクート）	Sakha	サハ共和国ほか	牛馬飼育・狩猟漁撈
21	シベリア・タタール	Siberian Tatar	チュメニ州ほか	ステップ型牧畜・農業
22	ショル	Shor	ケメロヴォ州，ハカシヤ共和国，アルタイ共和国	ステップ型牧畜・狩猟
23	セリクープ	Sel'kup	チュメニ州，ヤマル・ネネツ自治管区，トムスク州ほか	狩猟・漁撈・トナカイ牧畜
24	ソヨート	Soyot	ブリヤーチヤ共和国	ステップ型牧畜・狩猟
25	ターズ	Tazy	沿海地方	農業
26	タタール（シベリア・タタールを除く）	Tatar		
27	チェルカン	Chelkan	アルタイ共和国	ステップ型牧畜・狩猟

言語系統	シベリアに暮らす諸民族（ウラル管区・シベリア管区・極東管区合計, 2002年）			ロシア連邦における人口（2002年）
	「ロシア北方少数民族」認定民族	左記以外のシベリア先住民	先住民以外	
（古アジア）チュクチ・カムチャツカ	15,289			15,767
（古アジア）チュクチ・カムチャツカ	1,033			1,087
テュルク	651			656
テュルク	2,639			2,650
テュルク	2,372			2,399
（インド・ヨーロッパ）ゲルマン			403,373	597,212
テュルク		236,853		239,000
テュルク	1,563			1,565
テュルク	4,438			4,442
テュルク	782			837
テュルク	7,142			7,261
ツングース	11,947			12,160
テュルク	9,431			9,600
（古アジア）ニヴフ	5,044			5,162
ツングース	529			567
（ウラル）サモエード	31,449			41,302
テュルク		74,212		75,622
テュルク			291,110	1,673,389
（ウラル）ウゴル	28,035			28,678
モンゴル		438,961		445,175
（ウラル）ウゴル	11,008			11,432
（古アジア）ユカギール	1,394			1,509
（インド・ヨーロッパ）スラヴ			33,239,700	115,889,107
			1,746,488	
	237,147	1,265,727	37,626,855	
	0.6%	3.2%	96.2%	

	民族名		主要な居住地域（現ロシア連邦行政区）	伝統生業
28	チュクチ	Chukchi	チュクチ自治管区，カムチャツカ地方	トナカイ牧畜/海獣狩猟
29	チュワン	Chuvan	チュクチ自治管区，マガダン州	トナカイ牧畜/狩猟・漁撈
30	チュリム	Chulim	トムスク州，クラスノヤルスク地方	漁撈・狩猟・牧畜
31	テレウト	Teleut	ケメロヴォ州	ステップ型牧畜・狩猟
32	テレンギット	Telengit	アルタイ共和国	ステップ型牧畜・狩猟
33	ドイツ	German		
34	トゥバ（トジ・トゥバを除く）	Tuva	トゥバ共和国ほか	ステップ型牧畜・狩猟
35	トゥバラル	Tubalar	アルタイ共和国	ステップ型牧畜・狩猟
36	トジ・トゥバ	Tozhi-Tuva	トゥバ共和国	トナカイ牧畜・狩猟・漁撈
37	トファラル	Tofalar	イルクーツク州	トナカイ牧畜・狩猟・漁撈
38	ドルガン	Dolgan	クラスノヤルスク地方，サハ共和国	トナカイ牧畜・狩猟・漁撈
39	ナーナイ	Nanai	ハバロフスク地方，沿海地方，サハリン州	狩猟・漁撈
40	ナガイバク	Nagaivak	チェリャビンスク州	農業
41	ニヴフ	Nivkh	ハバロフスク地方，サハリン州	漁撈・海獣狩猟・狩猟
42	ネギダール	Negidal	ハバロフスク地方	狩猟・漁撈
43	ネネツ	Nenets	ヤマル・ネネツ自治管区，アルハンゲリスク州，ネネツ自治管区ほか	トナカイ牧畜・漁撈・狩猟
44	ハカス	Khakas	ハカシヤ共和国ほか	ステップ型牧畜・狩猟
45	バシキール	Bashkir		
46	ハンティ	Khanty	チュメニ州，ハンティ・マンシ自治管区，ヤマル・ネネツ自治管区ほか	トナカイ牧畜/狩猟・漁撈
47	ブリヤート	Buryat	ブリヤーチヤ共和国ほか	ステップ型牧畜・狩猟
48	マンシ	Mansi	チュメニ州，ハンティ・マンシ自治管区，スヴェルドロフスク州ほか	トナカイ牧畜/狩猟・漁撈
49	ユカギール	Yukaghir	サハ共和国，マガダン州	トナカイ牧畜/狩猟・漁撈
50	ロシア	Russian		
51	その他			
	人口合計			
	シベリア人口（39,129,729）全体における割合			

＊本一覧において，シベリア先住民以外は「人口」のみを掲載する．
出所：国勢調査［2005］，高倉［2009］，Akbalyan ed.［2005］，Tishkov ed.［2000］
表作成：高倉，佐々木，吉田，藤原，永山

II

寒冷環境と社会

ヤクーツク空港から北方の町に向かう小型プロペラ機.
撮影：藤原潤子

第4章

極北・高緯度の自然環境

◈檜山哲哉

1 はじめに

極北という言葉に対する、地理学的に明確な定義はない。そこで本書では、シベリアの民族と歴史に焦点を当てるため、「極北」をロシア連邦がある北緯五〇～八〇度と定義することにする。

植生分布と照らし合わせると、北緯五〇～七〇度の大地は北方林（タイガ）に覆われており、七〇度以北の北極海に至る狭い範囲はツンドラになっている。シベリアの多くの地域は年平均気温がマイナス（氷点下）であるため、そこには永久凍土が存在する。ただし、後述するように、西シベリアのオビ川流域の上流域や中流域には凍土が点在的に存在するのみである。シベリアの永久凍土は、主に、エニセイ川、レナ川、ヤナ川、インディギルカ川、コリマ川の各流域に広く、そして厚く存在する。

なお本書では、レナ川流域とそれより東のヤナ川、インディギルカ川、コリマ川の各流域を含む地域を東シベリアとし、オビ川流域を西シベリアと呼ぶことにする。

2 東シベリアの永久凍土

東シベリアを特徴づけるものは、なんといっても永久凍土である。本節では、主に永久凍土に関連する東シベリアの自然環境の特徴について概説する。

◆永久凍土の成り立ち

東シベリアでは、最終氷期は約七万年前から始まり、二万年前に最寒期となり、一万三千年前に終了した[福田 1996:194]。北半球高緯度域には、北米のローレンタイド氷床と北欧のフェノスカンディア氷床の二大氷床が発達していたが、東シベリアには、ヴェルホヤンスク山脈に小規模な氷河が存在したものの、全域を覆うような大陸氷床は存在しなかった。とくに、東シベリアのヤクーツク周辺、永久凍土の厚さが五〇〇メートル程度の地域には、永久凍土は第四紀初期(約二〇〇万年前)に形成されてから、一度も融解することなく存在していたようである[福田 1996:194]。氷床は大気と表層土壌とを断熱的に隔離するため、氷床が存在すると、熱伝導を介した大気と表層土壌との熱のやりとりが妨げられ、冬季に気温が氷点下になったとしても、土壌は凍結しにくくなる。逆に、氷床が存在しなければ、大気の熱が熱伝導を介して表層土壌に直接伝わることになる。現在のヤクーツクでの年平均気温はマイナス九度程度と非常に低い。このような極低温の東シベリアでは、氷床が存在しない期間が非常に長かったことで、非常に分厚い永久凍土層が形成された。二〇〇万年前から現在に至るまで大規模な氷床に覆われることがなかったことが、東シベリアや中央シベリアに、永久凍土が地中深くまで形成した最大の理由なのである。

◆永久凍土と植生の共生

東シベリアは非常に少ない年降水量にもかかわらず、レナ川など大河川の河川敷やアラースと呼ばれる開地（中央に湖沼をともなう草地、後述）を除くと、ほとんどが落葉針葉樹であるカラマツに広く覆われている。カラマツが生育できる大きな理由は、①夏季の気温が零度以上になることによって地表面近傍の凍土が一部融解し「活動層」が形成されるため、そして、②夏季の活動層下端（永久凍土上端）面で活動層内の土壌水が下方に浸透できないため、の二点にある。カラマツ林に覆われた凍土の、夏季後半における活動層の厚さ（年最大の活動層厚）は一～二メートル程度である[Ohta et al. 2001, 2008]（図4－1）。少ない年降水量ではあるが、ほどよい深さの活動層の形成とその下端の不透水面（永久凍土）の存在によって、カラマツは活動層内の土壌水分を使いながら生育することができるのである。

ところが、毎年同じような降水量が期待できるわけではない。年によって、冬季の積雪量や夏季の降雨量は多かれ少なかれ変動する。その場合、夏季のカラマツはどのようにして蒸散のための水を確保するのであろうか。カラマツの樹体水、活動層内の土壌水、夏季の降雨、冬季の積雪の、それぞれの水の酸素・水素安定同位体組成を用いた研究によれば、カラマツは、夏季の降雨量の大小に応じて、活動層内の土壌水を巧みに利用して蒸散しているようだ[Sugimoto et al. 2002, 2003]。すなわち、降水量が多い年には活動層の表層の土壌水を根が吸い上げ蒸散するのに対し、降水量が少ない場合には、活動層の深部から土壌水を吸水していることがわかっている。したがって、年降水量の変動の大小に対して、年蒸発散量にはそれほど大きな変動がみられない[Ohta et al. 2008]。このように、カラマツを主とする植生は、永久凍土と活動層とを巧みに利用しながら、東シベリアに根付いて上手に生育できていると

図4−1　東シベリア，ヤクーツク近郊のカラマツ林で
1998年に観測された地温の季節変化（上図）と，
1998年から2006年までの9年間の0℃の等温線（融解深）の年々変化（実線：下図）．
下図には気温（点線）の年々変化もあわせて示されている．

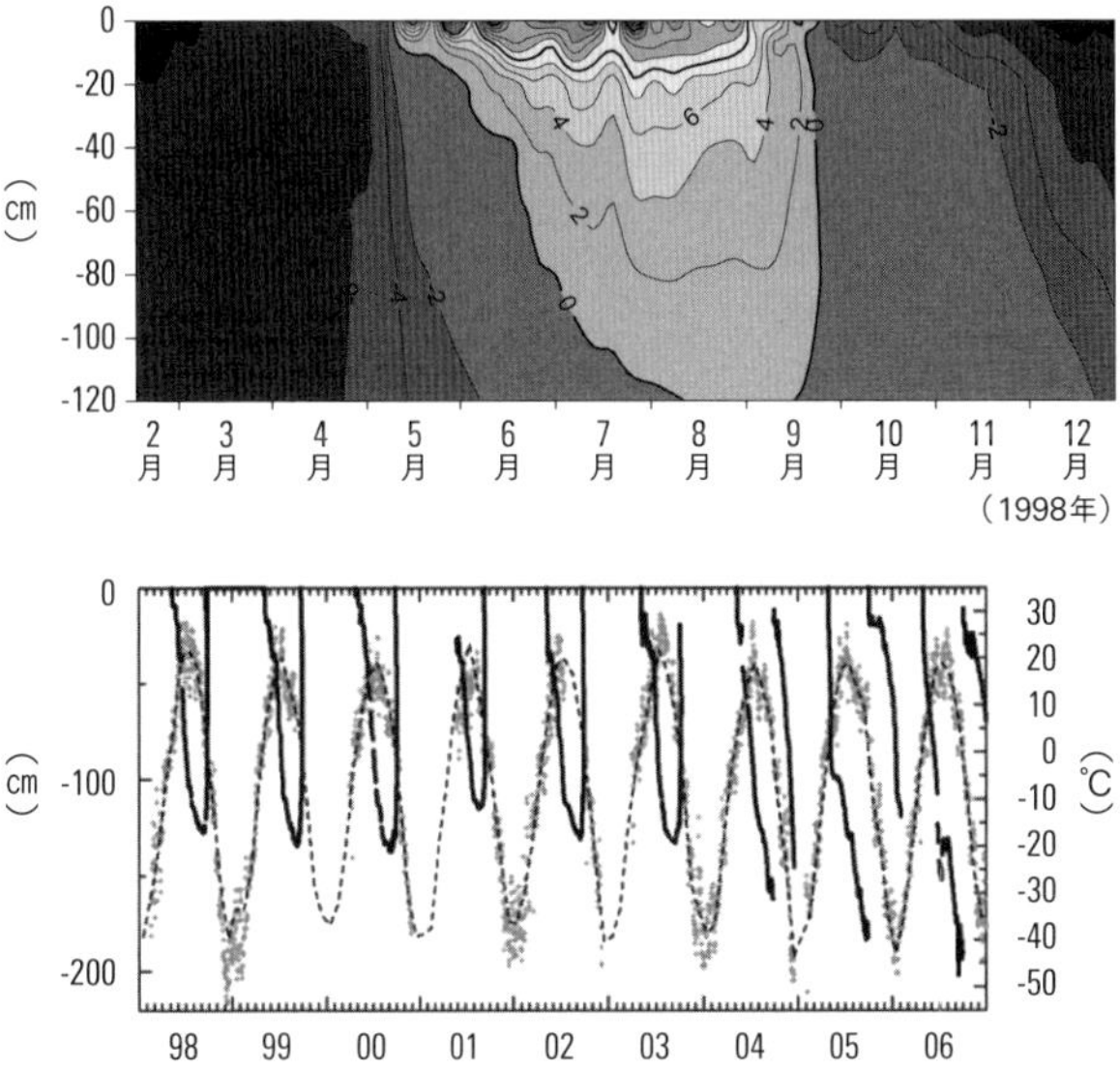

出所：Ohta et al.［2001, 2008］

いえよう。

最近、ヤクーツク近郊のわれわれの観測サイトでは、カラマツ林の林冠が茶色に変色し、カラマツ林の林床がスゲに覆われるようになってきた。これまで、林床はコケモモなどの常緑性の植生に覆われていたが、近年、驚くべき変化をみせている。二〇〇五年から二〇〇七年にかけては夏季降水量が多かったが、温暖化による気温の上昇とともに夏季降水量の増加が原因となって(活動層内の土壌水分量が増加したことによって)、植生に変化が生じた可能性がある。

写真4-1 ヤクーツク近郊, レナ川右岸(東側)のシルダ村で撮影した氷楔(ice wedge)の露頭(2009年8月).

◆氷楔

東シベリアの永久凍土には、氷楔《ひょうせつ》(ice wedge)と呼ばれる楔形の氷が地表面から凍土に突き刺さるように存在している(写真4-1)。氷楔は、主に「ツンドラ構造土」の凸地部分の直下に形成されることが多い。東シベリアのヤクーツク近郊に存在する氷楔は、最終氷期や現間氷期の寒冷期において、夏季の凍土の融解と冬季の再凍結の繰り返しにより、一〇年から三〇〇年程度の時間をかけて、次に示すような過程で地表面付近に形成された。①冬季、凍土の表面は低温になればなるほど収縮する。しだいに凍土表面の一部が収縮することにより亀裂が生じる。②融雪期、冬季に発生した亀裂に融雪水が浸透する。亀裂の深部(活動層下端よりも深部)の温度は氷点下であるため、融雪水は浸水後、再び活動層内で凍結する。これが氷楔の卵となる。

③次の冬、凍土の収縮により前の年に生じた亀裂(氷楔の卵)付近でさらに亀裂が入る。④融雪期以降、この亀裂にさらに融雪水が浸透し、再凍結して氷楔が成長していく。①から④を一〇〇〜三〇〇年程度繰り返すことにより、氷楔がある一定間隔(二〇メートル程度)で形成される。

◆アラースとタリク

氷楔が存在する平坦なカラマツ北方林地帯では、気候がある程度、定常であれば、前述したような永久凍土と植生の共生関係が維持される。ところが、カラマツの更新などで若干の開地が生成されると、近年のように急激な温暖化が起こっている状況下では、夏季に氷楔が融解する確率が高くなる[Katamura et al. 2006, 2009]。氷楔の融解と再凍結が地表面で生じるような場合、地表面に明らかな構造土が形成されてくる。このような地形をブラー(bullar)という。ブラーは、サーモカルスト衰退現象(thermokarst depression)における第一段階といえる。

その後、もし樹冠を燃え尽くすような過度の森林火災や、人為による伐採などでカラマツに開地ができると、夏季、開地に日射が直接差し込むことになる。地表面に氷楔が存在していた場合、氷楔は日射のエネルギーを直接受けて融解することになる。開地では、夏季の活動層の深さは周囲に比べて深く、氷楔の融解水により小規模の湖沼が形成される。サーモカルスト衰退が始まってから、三〇〇〜七〇〇年かけて形成されたこのような地形をディエデ(dyede)という。

その後、氷楔の融解と消滅によって湖沼の規模が広がり、ディエデは周囲よりも数メートル窪地となる。湖沼の地下には冬季になっても凍結することのないタリク(talik)と呼ばれる不凍水溜まりが形成されるようになる。ブラーの形成後、七〇〇年から三千年程度かけて形成されたこの地形をテュンプ(tuumpu)という。この段階の陥没地形には融雪水や降水が流入しやすくなり、陥没地全体を水が覆う。水位が深い場合、その断熱効果によって地表面下の水も凍結しにくくなり、タリクが生じる。タリクの一部が地質の不連続面に沿ってレナ川の段丘面に湧出している現象も存在する。レナ川を挟んでヤクーツクの南東約一〇〇キロに位置するブルースのように、タリクの湧水点は現地住民の憩いの場、祈りの場や観光地になっていることが多い。

さて、時間の経過によってテュンプは乾燥化し、一部の窪地に湖沼をもつ大規模な草地へと遷移していく。ブラーの形成後三千年から九千年程度かけて形成されたこのような地形をアラース(alas)という。すなわちアラースは、最終氷期終了後、現在の間氷期(完新世)に入ってから出現した、サーモカルスト衰退現象にともなう地形ということができる。アラースの湖沼堆積物中の木炭、泥炭、花粉の分析や年代測定を行った調査では、アラースは森林火災により急激に形成されたというよりも、氷期・間氷期といった気温上昇をともなう気候変化により生成してきたものと結論している[Katamura et al. 2009]。

ヤクーツク近傍、レナ川の右岸には数多くのアラースが存在する(写真5-4、一一七頁参照)。これらのアラースは、現地住民にとっては牛や馬の放牧地であり、人や家畜の飲み水を確保するための重要な生活の場になっている。近年の急激な温暖化が、今後どのような形でサーモカルスト衰退現象を生じさせるのか、興味深く、かつ深刻な問題である。

◆オヴラーギ

レナ川などの大河川沿いに立地した町や村では、近年、オヴラーギ(ovragi)と呼ばれる流水による浸食作用が多発している。オヴラーギとは、夏から初秋にかけての降雨後、湖沼水などの表面貯留水が増水し決壊することで、表面流に浸食された溝状の小谷や窪地のことをいう。ヤクーツクからレナ川沿いに三〇〇キロ程度上流の左岸側(北側)に立地するハンガラス郡シンスク村には、村の随所にオヴラーギの爪痕が存在する。二〇〇七年六月には、村を二分するような大規模なオヴラーギが発生した(**写真4-2**)。このオヴラーギは深いところで六～一〇メートルもあり、幅二〇メートル程度、長さ八〇〇メートルから二キロ程度の小谷を形成し、道路の寸断、家屋の崩壊、住民の転落、墓地の露出など、村に深刻な被害をもたらした。ロシア科学アカデミー・ヤクーツク永久凍土研究所のセミョーン・ゴトフツェフ博士によれば、シンスク村のオヴラーギは、レナ川に注ぐ支流(シーニャヤ川)の堆積地に形成された氷楔の融解が原因の一つであるようだ。オヴラーギの形成過程を、以下のように順に説明することができる。①近年の温暖化によって、地表気温が零度以上の期間が長くなり、夏季、活動層の下端が深くまで達するようになった(**図4-1下図**)。このことは、氷楔の上層部が融解にさらされることを意味している。②氷楔の存在した地表面は数センチから数十センチ陥没し、ロジュビーナと呼ばれるポリゴン(多角形)

写真4-2 ハンガラス郡シンスク村で2007年6月に発生した大規模なオヴラーギ(2009年7月).

状の窪地を形成した。③さらに、近年（二〇〇五〜二〇〇七年）の冬季降雪量や夏季降雨量が増加傾向にあったことから、活動層内の土壌水分量が増加した。なお、冬季降雪量が多くなる（積雪深が深くなる）ことによって、積雪の断熱効果が強まり、氷点下になっている冬季の大気から地面付近が熱的に遮断されることになる。その結果、夏季に融解した活動層が再び凍結するまでに時間がかかるようになり、次の年の融雪時までになかなか地温が下がらない状況となる。④夏季の降水量が増加したことは、同時に、シンスク村が立地する堆積地やその上流側にも貯留水を多く溜め込むことにつながった。⑤一方で、夏季の降水量は短期間に降る降水量が多くなる（降水強度が強くなる）傾向を示していた。二〇〇七年六月の降雨はその一つの現れであった。⑥二〇〇七年六月の降雨によって、村の上流に溜まっていた貯留水が決壊し、その下流に存在するシンスク村に向けて押し流れた。⑦ついには、表流水がロジュビーナ（ポリゴンの窪地部分）に流れ込むことによって一気にロジュビーナが浸食された。これには、活動層内の土壌水分量が多くなっていたことで、ロジュビーナの地下表層部分が浸食されやすくなっていたことも一役買っていた。

二〇〇七年六月のオヴラーギの発生には、若干の人為的問題が原因の一部を担っている。シンスク村では、一九八〇年代以前から、村内でロジュビーナが多く発生していた。当時の村長がこれらの崩壊を危ぶみ、村の上流に簡単に土を盛ったようなダムを建設していた。シンスク村を二分してしまった二〇〇七年六月に発生した大規模なオヴラーギは、このダムによって堰き止められていた貯留水が多量の降雨によって水嵩を増し、ダムを決壊させたことによって発生したのである。

一方、同じハンガラス郡ポクロフスクでもオヴラーギが発生しているが、ここでは、レナ川沿いの急斜面に上下水道管を埋設することによってその周囲の凍土が融解し、斜面上に窪地を形成していた。夏季から晩秋季にかけての降雨量が多く、その窪地に表流水が流れることになり、オヴラーギを発生させたようだ。また、レナ川から離れた平坦地や、規模の大きなアラース近傍、あるいは人口が比較的多く道路等の交通網が存在する地域などでもオヴラーギが発生している。それらの地域では、主に道路の建設後、道路近傍の地表層に融雪水や降水が貯留することでその下にタリクが生じてしまう。道路近傍にこのようなサーモカルスト衰退現象が生じ、それが進行することによって徐々に陥没地形を生んでいく。結果的に道路近傍に小規模の湖沼が形成され、大雨などでその貯留水が決壊した場合、下流側にオヴラーギを発生させるのである。

以上のようなさまざまな原因で発生するオヴラーギは、シンスクやポクロフスクだけでなく、レナ川を挟んでヤクーツクの対岸(東)側にあるテュングリュー、インディギルカ川流域のチョクルダフ、コリマ川流域のチェルスキーなどでも発生しており、近年の温暖化と人為の関係した地表面の浸食現象として大きな社会問題になってきている。

3　西シベリア低地の広大な湿原地帯

ウラル山脈とエニセイ川の間に存在する広大な平原は西シベリア低地と呼ばれる。南北およそ二五〇〇キロ、東西一千〜二千キロ、面積は約二六〇〇万〜二九〇〇万平方キロを占める大平原を形成している。西シベリア低地はオビ川流域の大部分を占め、海抜標高は平均で一〇〇〜二〇〇メートル程度であり、地形はわずかに北向きに傾斜している。中部から北部に向かうほど低湿地が増加する。北部はツンドラ、中・南部はタイガで覆われ、わずかにステップも存在する。石油や天然ガスの埋蔵量が多く、各地に油田やガス田がある。チュメニ油田はその代表例である。

東シベリアにはカラマツが、中央シベリアにはトウヒが優占種として生育し、一部の湖沼や草地を除いてほとんどの地表を森林が覆っている。一方、前述のように西シベリアには広大な低地が広がり、それは湿原・湿地を形成している。東西シベリアでこのように地表面状態(地表被覆)が大きく異なるのはなぜなのであろうか。本節では、西シベリアの湿原・湿地の成り立ちやそれに関係した諸現象について、ごく簡単に解説する。

◆西シベリア高層湿原の成り立ち

湿原・湿地(wetland)は、水質や栄養塩の供給形態、水分特性、植生などから大きく六タイプ(高層湿原(bog)、中層・低層湿原(fen)、灌木の生えている中層・低層湿原(swamp, marsh)、河川氾濫原(floodplain)、低水位湖沼(shallow lake))に分類される[Aselmann and Crutzen 1989]。西シベリアの地表は高層湿原が広大に覆う。高層湿原とは、降水由来の栄養塩以外、湿原に対して栄養塩を供給する経路がない湿原をいう。低地に存在する湿原の場合、地下水由来の栄養塩が湿原生態系の物質循環を決定づけるが、西シベリアの湿原は非常に広大であり、周囲との標高差がほとんどないために、高層湿原として分類されている。

西シベリア低地が高層湿原として成立した経緯にはさまざまな要因が関係しているが、地形・地質学的なもの以外に、古気候学的な要因が大きく働いている。すなわち、東シベリアとは異なり、約二〇〇万年前から氷床に広く覆われやすく、積雪深も深かった。したがって、東シベリアのような永久凍土層が形成されにくかったと考えてよい。

◆脆弱な自然――温暖化による泥炭の分解が温暖化をさらに助長

北半球高緯度(北緯四五〜七〇度の間)に存在する湿原・湿地は世界的にみても非常に広大であり、その面積は全陸地の二パーセントを占める[Aselmann and Crutzen 1989]。重要なことは、そこに莫大な量の炭素が泥炭として蓄積されていることである。北半球高緯度の湿原・湿地には、全陸地の土壌炭素の約三分の一にあたる二〇〇〜四五〇Gt(ギガトン)の炭素が蓄積され[Gorham 1991]、いわゆる泥炭地(peatland)を形成している。

泥炭は過去に生育していた湿原の植生(コケや草本)の死骸が長時間かけて腐食し蓄積されたものである。湿原・湿地では地下水位が高く、地下水面近傍以深(飽和帯)では空隙が水に満たされた状態になりやすい。飽和帯は還元状態のため、植物の死骸の土壌微生物(酸素を好む微生物、いわゆる好気性微生物)による分解が促進しにくい。一方で酸素を好まない微生物(嫌気性微生物)の活動は活発になりやすい。したがって、湿原・湿地では地表面から二酸化炭素(CO_2)よりもメタン(CH_4)が放出されやすい。西シベリア高層湿原の地下水位は融雪期に最も高く、秋季に向けて、主に蒸発散によって水位を下げていく[Shimoyama et al. 2003, 2004]。湿原の水位によって微生物活動や植生活動がともに変化するため、湿原と大気との間の二酸化炭素交換量やメタン放出量が変化するものと思われるが、残念ながら、定量的な観測結果はいまだに報告されていない。

西シベリア南東部に位置するプロトニコボにおいて、一九九九年と二〇〇〇年の生育期間にGEE（Gross Ecosystem Exchange）、ER（Ecosystem Respiration）、NEE（Net Ecosystem Exchange）を空気力学的な観測をもとに推定した調査がある［Shimoyama 2005］。ここでGEEとは湿地生態系による総光合成量であり、ERは植生の呼吸やバクテリアによる泥炭の分解により生じたCO_2を含む総呼吸量である。NEEはGEEからERを差し引いた湿地生態系による正味のCO_2固定量である。この調査によれば、夏季の気温はERに大きく影響し、気温が高いほどERが増加するためNEEを低下させる。このことは、温暖化によって北半球高緯度の年平均気温が上昇した場合、年積算でのERの増加を促すためNEEが低下し、西シベリアの高層湿原での正味のCO_2固定量が低下することになる。もし、GEEとERが拮抗あるいは逆にERがGEEを上回るようになれば、西シベリア高層湿原生態系がこれまでせっかくCO_2を固定していたにもかかわらず、逆にCO_2を放出する状況に転じることになり、泥炭の分解が加速して温室効果ガスをどんどん放出するような状況を生む。すなわち、温暖化が温暖化をさらに助長することが懸念される。

このように、西シベリア高層湿原に厚く蓄積されてきた泥炭は、今後加速すると予測されている地球温暖化に、その分解によって拍車をかけることが懸念されている。第二次世界大戦以降のソビエト連邦による国営農場（ソフホーズ）と集団農場（コルホーズ）の拡大政策のため、過去にこの地域が大規模に農地化されようとした。南部では一定程度の地形傾斜があったために湿原の排水が比較的容易であった一方、中部以北では非常に緩慢な地形傾斜ゆえの排水の悪さから、大規模農地造成計画は失敗に終わっている。もし、西シベリアの湿原が中部を含めて大規模に農地化されていたら泥炭の分解はどの程度加速していたのであろうか、そしてそれは、どのような炭素収支に結びついていたのだろうか。考えただけでもゾッとするような話である。

4 おわりに

温暖化は、シベリアに対してさまざまな影響をおよぼす。しかし、その影響の現れ方は永久凍土の存在の有無、すなわち東シベリアと西シベリアで大きく異なる。それは植生の違いをみても一目瞭然である。

気候学的にみた場合、東シベリアと西シベリアは、気温の上昇・下降、降水量の増加・減少が、年々変動スケールでシーソーのように異なる。このような気候学的な変動を繰り返しつつ、温暖化による気温の上昇傾向と降水量の増加傾向は、今後どのように両シベリア域に影響をおよぼしていくのだろうか。その経緯をみていくことは非常に興味深く重要な研究課題である。そして本書の取り上げる現地の「人」に対するもう一つのインパクト、すなわちロシアの社会経済の変化をもう一つの重要な境界条件として、常に目をそらさずに見守っていくことは、隣国としての日本にとって非常に重要な視点と思われる。

第5章

氷の民族誌

レナ川中流域サハ人の智恵と生業技術

◈高倉浩樹

1 はじめに——人類にとって氷とは何か？

人類にとって氷とは何だろうか？　氷とは、いうまでもなく生物の生命維持活動に必須の物質である水が固体化したものである。気圧の条件によっては、摂氏零度以上でも固体化することはあるが、いずれにしても氷といえば「冷」「寒」が連想されよう。氷点下という冬の季語を持ち出すまでもなく、寒冷の条件があってはじめて氷が存在する。つまり、寒冷地以外、例えば熱帯地域において、氷は特殊な条件がなければ存在するものではなかった。氷はかならずしも人間の日常生活に必需品として常備されるべきものでもなかった。日本においても、高度経済成長期に冷蔵庫が各家庭の日用品になるまでは、氷はそう簡単に入手できるものではなかったのである。

こうしてみると、氷が日常的な物資であったのは、寒冷地という特殊な環境においてである。とはいうものの、極北の人々が氷を利用するのは寒冷地に固有な目的を遂行するためではない。氷を融かして飲料水として利用したり、海氷の上の家や氷下漁業のように氷を土台として用いるのである。いずれにせよ、人間の生活を維持するために用いられるものであり、要するに自然環境の特質と生活文化が密接に関連しあっているにすぎないのである。それは熱帯雨林の狩猟採集民が森林という生態環境を利用した文化を紡ぎ上げるのと基本的には同じ構造である。

とはいえ、生態環境としての氷はきわめて興味深い特徴を持っている。それは、融けると水になるというごく当たり前の事実である。人間の生活環境という点からすると、氷と水の違いはきわめて大きい。氷は手で持ち運び可能で、また、移動可能な「面」ともなる。水を汲むには道具が必要であり、水上の活動には船がいる。つまり歩行や移動、道具や運搬といった人間の文化の根源に関わる環境とのインターフェイスが水と氷では大きく異なるのである。

しかもその変化の位相にも特徴がある。雪は一夜にして景観を変えてしまうが、氷はより複雑である。いくら寒冷地とはいっても季節の温度変化はあるわけで、夏にはほとんどの氷は融けてしまう。氷は、晩秋には水が凍結し始め、冬を過ぎて初春には融解が起こるというサイクルを繰り返している。氷結と融解の過程はやや緩慢に進むと同時に、時折、急速に進展する。こうした「動」を内包した自然は、人間の文化的基盤を大きく揺さぶるような条件をつくり出し、人々はそれらを織り込みながら自らの生活を営んでいるのである。本章で述べようとする氷の民族誌とは、そうした氷結・融解を繰り返す水環境を人々がいかに利用するのか、そこにみられる食料獲得活動や知識、世界観を明らかにしようとする試みである。

2 サハ地域の寒さと人々の暮らし

◆気候と生態

本書が焦点を当てている地域は、ロシア連邦サハ共和国である。東シベリアに位置するこの地域の中央部には、全長四四〇〇キロ、流域面積二四九万平方キロという広大なレナ川が流れている。その発端はバイカル湖近くの山地から始まり、南北に連なる雄大な流れは北極海に注ぐ。この広大な川が一〇月から五月までは凍結してしまう。この地域には、オイミャコン村という零下七一・二度を記録した場所がある。南極ではさらに低い気温が記録されているが、人間が恒常的に居住している村としては地球一寒い場所といっても間違いではない。大河川レナの支流や隣接する河川湖沼といったすべての水源は、一年のうち半年は凍結するという環境なのである(写真5―1・5―2)。

レナ川中流域には、サハ共和国の首都ヤクーツク市がある(写真5―3)。ここは人口が二一万人と東シベリアの中では巨大な都市であり、政治・経済や文化・教育の中心的な機能を担っている。共和国の名称にもなっているサハ人を中心に、エヴェンキ人、エヴェン人、ユカギール人などの先住民が暮らしているほか、ロシア人などのスラブ系住民、さらに中央アジア諸国や中国からの出稼ぎ労働者なども暮らしている。このヤクーツク市の二〇〇九年平年気温は、七月は二〇・五度、二月が零下三七・一度である。実際には、夏の日中は三〇度を超え、冬は零下五〇度以下になるという、夏と冬の温度差が八〇度を超える厳しい環境である。その一方で、年間降水量は二三六・九ミリときわめて少ない。この量は乾燥地帯にあるモンゴルのウランバートルとほぼ同じなのである。

チェーホフの旅行記でも記されているように、シベリアを特徴づける景観は果てしなき森林＝タイガである［チェーホフ 2009］。降水量が少ないにもかかわらず樹木が成長できるのは、大地が永

写真5-1　移動する橇から撮影した凍結湖面．
ウサギの足跡が見える（サハ共和国オイミャコン郡）．

写真5-2　初夏のレナ川．

写真5-3　サハ共和国の首都ヤクーツク．
レーニン大通りに建つレーニン像．
撮影：藤原潤子

久凍土に覆われているからだ。土に蓄えられた氷が、夏に一時融解することで森が維持されているのである。加えてレナ川中流域では、サハ語でアラースと呼ばれる独自の自然景観が発達している。鳥瞰すると、タイガという濃い緑の絨毯の中に虫が食ったように湖沼を含む草原が無数に点在しているのである(写真5−4)。これは何らかの理由で森林がなくなり、太陽光線を直接浴びた大地の中の永久凍土が融けて地表に現れ、水源を成し、そのぶん地面が陥没し、そこに草地が広がるというものだ。

いわばレナ川中流域を特徴づけるのは、寒冷で乾燥した気候と、年に半分は凍結する河川湖沼、そして果てしなく広がる森林とそこに無数に点在する小さな草地という組み合わせなのである。

◆農村生活の中のサハ人

このレナ川中流域を中心にして西はオレニョク川、東はオホーツク海に近いコリマ川に至るシベリア東部全域に住んでいる民族、それがサハである。一〇〜一三世紀頃にバイカル湖周辺からレナ川を上るように民族移動した彼らは、最も北に居住するテュルク系言語を話す民族集団である(写真5−5・5−6)。元来はモンゴル系の牧畜民と同じように、牛、馬、ヒツジ、ヤギ、ラクダの五畜を飼いながら狩猟を行うという生業文化を持っていた。北への移動の過程でエヴェンキやエヴェン、ユカギールなどの先住民と接触し、彼らのトナカイを対象とした牧畜文化や狩猟漁撈文化を取り込みながら、極北の厳しい自然環境に適応できた牛馬を中心とする独自の狩猟・牧畜文化をつくり上げてきた。

その一つは六月後半の夏至の時期に開かれる馬乳酒祭り（ウセフ）に見いだせる（写真5−7）。五月後半に凍ったレナ川が融け始め、短い春が過ぎると、白夜の続く夏となる。この間、人々は長い冬を越すために家畜の飼料となる草刈りを行い、八月も半ばを過ぎると冬支度をしなければならない。彼らの伝統的暦において夏至は新しい年の始まりである。馬乳酒祭りは新年を祝い、短い夏の始まりの喜びを共有し、その後、家畜を越冬させるのに必要な干し草を確保するための草刈りを行うのである。こうして家畜を飼育する一方で、夏から秋には漁撈、冬から春には狩猟を組み合わせるというのが農村で暮らすサハ人の伝統的な生業暦となっている。

本章が光を当てるのは、このうち彼らの生活環境で時間的にも空間的にも重要な凍結する水環

写真5−4　森林に囲まれた夏のアラース
（サハ共和国メギノ・カンガラス郡）.

写真5−5・5−6　民族衣装を着たサハの人々.
馬乳酒祭りにて（サハ共和国メギノ・カンガラス郡）.

写真5−7　馬乳酒祭り.
大地に馬乳酒を注ぎ，火の精霊に食わせる儀礼者
（サハ共和国メギノ・カンガラス郡）.

境である。筆者が一九九九年以降、現地調査してきた成果を踏まえ、漁撈と飲料水の確保という点に絞って人々の知恵と技術を含むあり方を述べていくことにする。

3　サハ人の生業暦と漁撈

◆冬の漁業

中央サハ人の生活の中には一年を通して狩猟・漁撈が組み込まれている。これは楽しみという側面と食料確保の両面の意味を持っている。農村生活者は無論のことであるが、都市で暮らしている者であっても、男性は休暇を利用して、とくに狩猟を行うからである。漁撈については、楽しみというよりむしろ副次的な食料確保という側面が強い。

商業漁業ではなく、自家消費用によって現在も営まれているのは、①刺し網漁イリー、②氷下引き網漁ムンカ、③かご漁トゥー、④タモ網漁クュウールの四つの漁法である。図5−1を見てほしい。これらはそのために用いられる漁具である。刺し網は図のaに示されているが、湖面ないし小川に小舟で刺し網を設置して行われる通常単独の漁である。冬になると氷の下に刺し網を設置するという方法もある。これに対し、氷下引き網は文字どおり、例えば凍結した湖面の下に網を設置し、それを大勢で引き上げる漁法である。三番目のかご漁も凍結した水面下に設置されるが、これは単独で行われるものである(図b)。図cはタモ網である。四月など春に氷が薄くなった際に、氷に直径四〇～五〇センチの穴を開け、その上にトゥエレイ(図d)と呼ばれる台座

図5-1　サハ人の主な漁具

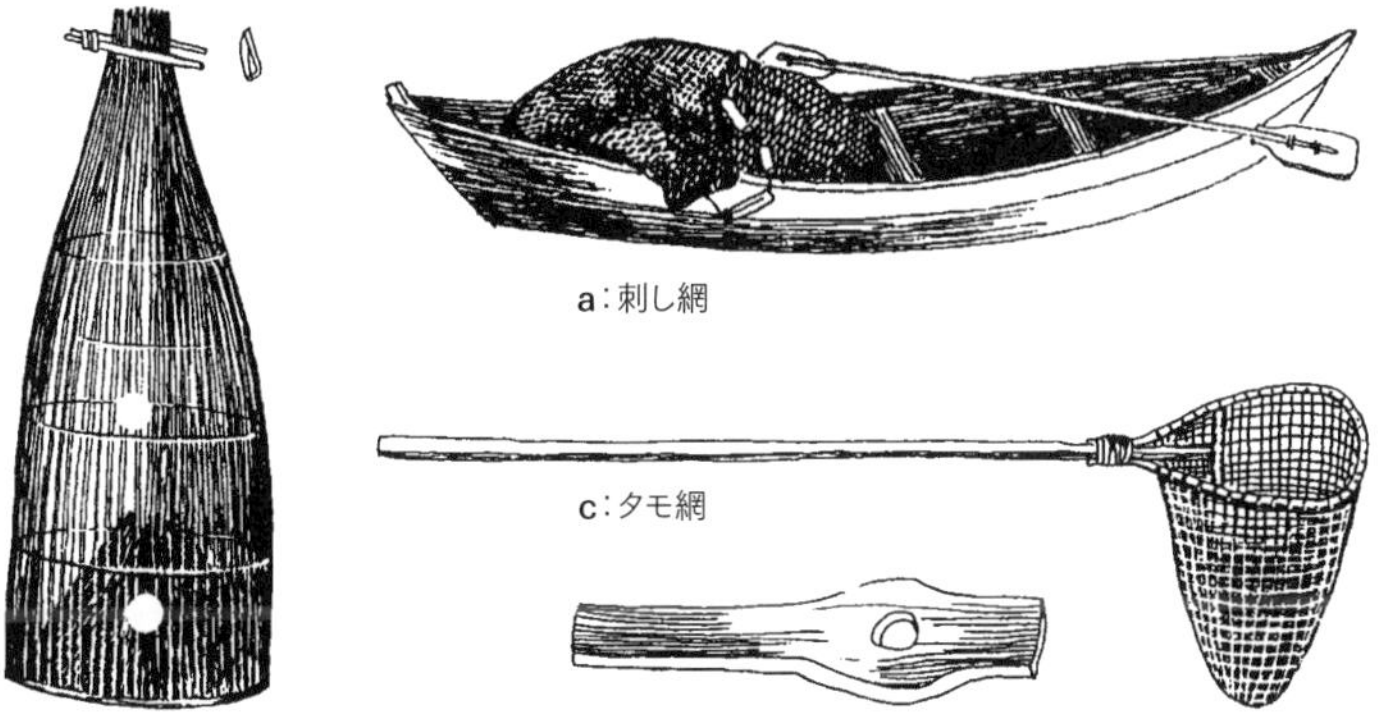

出所：Vasil’ev et al.［1998］

を置き、穴にタモ網の持ち手部分の棒を通してしばらく待つ。そして集まってきた魚に対しタモ網を回すようにして掬う。越冬した魚は氷に穴が開けられると、そこに集まってくるからである。

ここではこれらのうち、②氷下引き網漁と③かご漁について説明しよう。いずれも湖面が凍結した条件で行われ、寒冷地独特の技術を備えた漁だからである。漁で捕獲される魚はさまざまであるが、これらの漁で主な捕獲対象とされているのは、レナ川中流域では二つの種類の魚であった。第一にソボと呼ばれるキンブナ（*Carassius carassius*）であり、もう一つはヒメハヤ属の小魚ムンドゥ（*Phoxinus perenurus*）であった。ソボは、口頭伝承などでも出てくる中央サハ人にとって最も身近な魚で、とりわけ夏が季節である。体長は一五〜二五センチ、重さは一〇〇〜六〇〇グラムの小中型の魚で、丸揚げにされたり、煮込み汁などに利用される。ムンドゥは平均六〜一五センチ、一〇〜三〇グラムと非常に小さい魚である。かつては広く食料として用いられたが、現在はあまり捕られていない。商業用として捕られるものは、主に養殖の餌として用いられている[Sidorov and Tiaptirgianov 2004:31–38]。

◆生業暦

農村部で暮らす中央サハ人男性の生業暦をおおまかに言えば、冬は狩猟、春にはカモ猟を行い、夏から秋は漁撈というのが基本である(写真5–8)。氷下引き網漁やかご漁はこのうち秋に組み込まれている。いうまでもなく、生業暦は個人の属性によってさまざまである。ここではナム郡カ

表5–1 サハ人男性の漁猟生業暦

	漁	猟
1月		ウサギ罠猟
2月		同上
3月		ウサギ交尾期＝禁猟
4月	タモ網漁：湖	ウサギ交尾期＝禁猟
5月	氷下かご漁／刺し網漁：湖・川	10日間許可制：カモ
6月	刺し網漁：湖・川	2日間のみ：渡り鳥猟
7月	同上	
8月	同上	15日間許可制：カモ
9月	同上	20日よりウサギ猟・ヘラジカ猟
10月	氷下かご漁／20日ぐらいより氷下引き網	1～15日までウサギ猟／以降ウサギ罠猟
11月	氷下引き網	ウサギ罠猟（ワイヤー式）
12月		同上

写真5–8 カモを料理するサハ人の男性.
春のカモ猟は，男性たちが最も楽しみにしている娯楽の一つである（サハ共和国スレドネコリマ郡）.
撮影：藤原潤子

ムガッタ村で調査した事例を紹介しよう。表5-1はこの地域のある男性の狩猟漁撈生業暦である。住民の多くは、自営で畜産を営んでおり、生業の合間をぬって狩猟漁撈が実践される。積雪が始まる九月後半以降は狩猟の季節となる。この地域では主にウサギが捕獲対象になる。ヘラジカ猟は、村から車で出かけ、数日間野営しながら行われるものである。夏は湖面で刺し網漁が行われるが、注意したいのは、三~四月の漁にみられるタモ漁と、五月および一〇月の氷下かご漁、そして一〇~一一月にある氷下引き網漁である。これらはいずれも凍結した水面を条件として行われるものであり、理論的には河川・湖沼が凍結している冬の時期すべてで可能であるはずだが、なぜ春と秋の限定された期間のみ実践されるのだろうか。ここに氷の凍結と融解という自然の過程が関わっている。このことを理解するため、それぞれの漁の活動について記述してみよう。

4 凍結水面での漁撈

◆秋の季節

表5-2は、ヤクーツク市の月別平均気温である。これをみると、一〇~一一月にかけての気温は一カ月で二〇度以上も急速に下がり、零下二〇度以下へと移行する時期である。人々によると、一〇月下旬から一一月中旬にかけては冬に向けての最後の準備の時期であり、さまざまな仕事がある。この時期を人々は三つの特徴としてとらえている。

一つは、「屠ってほどなく凍る気温」である。牧畜民であるサハ人は、秋にはその春に生まれた仔馬をいっせいに屠る［高倉 2008］。解体が終了して枝肉に分けられた後、自宅の物置に置いておくと、すぐに冷凍状態になる気温が屠畜にとって最適なのである。屋外で解体する人々にとって、この時期ならば外での作業もそれほど苦にならずにできるという。第二に、「湖沼の水面に張った氷が一五～二〇センチ程度になる」という点である。斧ですぐに割れる一方で、人が乗ることができるほどの強度を持つ氷が形成される時期に、氷下かご漁や引き網、さらに飲料氷採取が行われるのである。三つ目は、「雪がたくさん積もらない」ということである。これは氷上での活動や一一月中旬から後半に行われる燃料用の薪の伐採と運搬の際の条件として積雪があったほうが好ましいが、とはいっても深雪となってしまうと障害になるからである。

屠畜・氷下漁・飲料氷・薪運搬などは、理論的にはいったん寒くなればいつでもできるように思われるが、まさに寒の入りの一時に出現する諸条件に適した生業活動が行われるような生業暦を形成している。寒さの中で微妙な時期が認識され、そこに最適な活動が選択されるという仕組みなのである。

表5-2　ヤクーツク市の月別平均気温と前月との温度差（2009年）

	9月	10月	11月	12月	1月	2月	3月	4月	5月
気温	5.7	-8.6	-29.2	-38.8	-41.2	-35.3	-21.7	-6.2	6.7
温度差	—	-14.3	-20.6	-9.6	-2.4	5.9	13.6	15.5	12.9

◆かご漁活動

カムガッタ村での氷下かご漁を紹介しよう。同行調査を許してくれたのは六十代のニコライさん。かご漁が行われている湖は、彼の自宅から歩いて三〇分ほど、約二キロの距離にあり、ホプトローフ湖と呼ばれている。長細い形状の湖で、水深は二〜三メートルほどと浅く、いわば沼である。

通常、彼がかごを確認しに行くのは朝である。往復に約一時間、漁場での作業に三〇分程度の時間をかけるというのが常であった。漁場となる湖岸には、家畜用の柵が設置されている。柵の周囲には草が茂っているが、その中に斧を隠しておき、現場に到着するとそれを持ち出し、凍結した湖面を割るのである。直径六〇〜七〇センチの穴を開け、前日に仕掛けたかごを取り出し、魚を捕獲する。その後、同じ場所にかごを再び沈めるか、あるいは少々場所を移して穴を開け、かごを設置するのであった（写真5−9・5−10）。このような作業で、一日一キロほど捕れる。魚はその日のうちに自家で消費してしまい、それを隣人や親戚に分けることはしない。一日二時間程度の散歩を兼ねたような労働で、昼と夜のおかずが確保されるという状況であった。

写真5−9・5−10　かご漁の準備.

◆氷下引き網漁

この時期（一〇月下旬〜一一月中旬）に行われるもので興味深いのは、凍結した湖の中に網を投じて行われるムンカと呼ばれる引き網漁である。

図5-2　氷下引き網漁（ムンカ）模式図

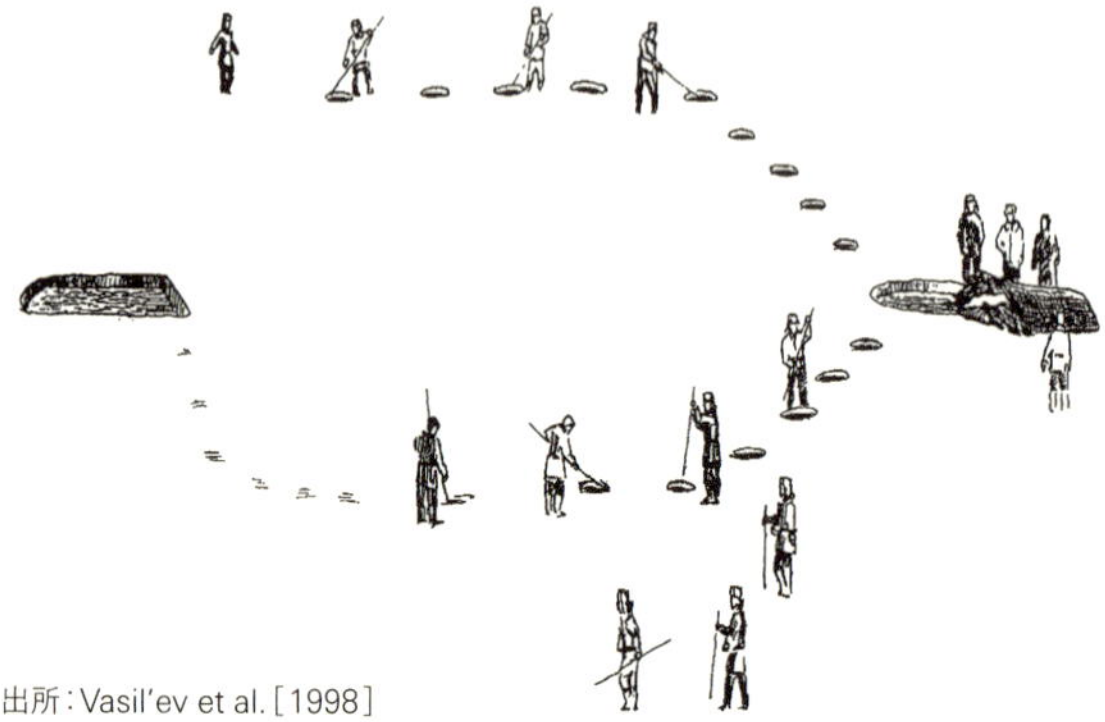

出所：Vasil'ev et al.［1998］

図5-2を見てほしい。これはムンカの方法を図式化したものである。右側の大穴（チャルダット）が網の入れ口である。網（写真5-11）は袖網（クゥナット）と袋網（イイエテ）からなる。袋の入り口は直径三メートル、深さは六メートルという大きさである。袖網の長さは左右それぞれ七五メートルほどである。袖網の先端部分には、左右それぞれに長さ一〇メートルほどの棒（ウトメフ）を付け、さらに引綱が付けられる。氷の下で網を引くために重要なのは、ウトメフである。図には小さな穴（オイボン）が掘ってあるが、浮いた木の棒をその小さな穴で確認しながら移動させるのである。図で示したように、それ

写真5-11　網漁の準備.

写真5-12　穴から網を取り出す.

は入れ口から左右に広がり、最終的には左に開けてあるもう一方の出口から網を取り出すという仕掛けである。

網の移動を調整する道具には、氷に穴を開けるための槍（アーニィ）、二股のフォークのような形をしているアティルジャフなどがあり、こうした道具を用いてウトメフを動かし、ムンカを引っ張るということを繰り返し、湖の端まで持っていき、一方の大穴から網を引っ張り出す（写真5–12）。

かご漁が個人で営まれるのに対し、引き網は集団漁である。網も特定の個人のものではなく、村のものとして管理されている。保管場所は村の集中暖房を行うための熱源施設区内にある倉庫だった。この施設は火事の時の連絡先も兼ねていて、いわば村の公共サービスの中心地である。

5 飲料氷取り

◆氷を飲む

サハ人の慣用句に「氷の水は清らかな水」というのがある。この表現が示すように、彼らは氷を採取しそれを飲料水として利用するのである。しかも採取するのは湖である。彼らの生活環境を示す表現に、「空に星があるように、われわれは湖を持つ。湖は皆をたらしめる」がある[Khabarova 1981:5]。レナ川中流域は、世界で九番目の流域面積を誇る大河川を中心に、無数の支流とその間に森林と湖が点在する世界なのである。

写真5−13
冬，庭先に積み上げてある氷を家に持ち込み，融かして飲み水にする（サハ共和国ハンガラス郡）．
撮影：藤原潤子

氷を飲料用に使うのだから、当然、飲む時には融かして飲む。冬に零下五〇度を超える寒さになる極寒の世界である。外気温が零度を下回っていれば屋外においておけばよい（写真5−13）。冬以外はどうするのか？ これも答えは簡単である。庭に穴を二〜三メートル開けると永久凍土がむき出しとなった地面が露出する。これをいわば地下の天然氷室として使うのである。

現在の農村の屋敷地内には、通常二つの氷室が存在している。一つはオングチャフ（文字どおりの意味は穴）と呼ばれる家屋内部にある氷室である。現代のサハ人の家屋は、いわゆるロシア式のペチカ（ストーブ）が置かれ、これを中心に暖房が行き渡る部分と、いわば土間のような暖がおよばない部分に分かれている。このうちの後者に、小さな氷室があり、日本でいえば床下収納庫のような感覚で用いられる。もう一つは、ブルースあるいはムース・アムパールと呼ばれる庭の中に設置された地下氷室である。この場合、小さな物置のような形状の構造物が建てられ、その床下が掘られているという形になっている（写真5−14・5−15）。いずれの氷室も氷だけでなく、肉類や魚などの冷凍庫代わりに用いられている（写真5−16）。外気が零下五〇度に下がる中にあって、永久凍土の温度は一年を通して零下一〇度ほどであり、冷凍庫として用いる条件にかなった場所なのだ。

◆美味なる氷の水

サハ語の慣用句の中に、「氷が凍る」というものがある。物理的には水の凍結を意味しているが、サハ語の文字どおりの表現として、普通は「水が凍る」とは言わないのだという。これに象徴されるように、氷は人々の生活に当たり前のものとして存在している。ヤクーツク市に暮らす四十代のサハ人女性は、「湖から切り出した氷はとてもきれいだといわれているわ。ばい菌は死んでいるし、表面の汚れを斧で切り取れば、後は透明な水よ」と言う。そして、彼女の母親はお茶を飲む時に、それを入れた水が「氷の水（ムース・ウー）」であるか、単なる水かどうかがわかるのだとい

写真5-14　個人宅の敷地内に建てられた氷室．
床上は物置として用いられ，
地下が氷室となっている（サハ共和国ナム郡）．

写真5-15
地下氷室に向かう，
凍った状態の階段
（同前）．

写真5-16　地下氷室内の様子．
大量の肉，魚，ベリー類が保存されている
（サハ共和国スレドネコリマ郡）．
撮影：藤原潤子

う。

ソ連時代には給水車の仕組みも導入された。しかし、ほとんどの村人は給水車ではなく、自分で氷を採取することを希望する。ハンガラス郡ニュムグ村に暮らす元学校教師で現在は年金生活の男性の語るところでは、「氷を取るのは、エコロジーな意味でもきれいな水を手に入れるためだ。湖が凍っていく時、上のほうは透明で清涼だ。給水車は汚い湖底の水もみんなまとめて吸い取るので、きれいな水ではない」。彼によれば、さらに重要なのは氷を取る時期である。一〇月末から一一月の最初に行わなければならないという。開始時期の一〇月末は、氷の厚さが人が乗っても割れないくらいになるからである。終わりが設定されているのは、一一月も中旬になると氷が分厚くなり、作業ができなくなるからである。湖で凍り始めた氷を切り取り、それを利用するというあり方なのだ。

◆氷の利用と入手について

飲料氷を採取するのは、基本的には一年に一度である。秋の時期に集中して採取し、一年を通して利用する形をとる。こうして得られた氷は、飲料はもちろんのこと、料理など台所や洗面に用いられる。洗濯や風呂などに使われないわけでもないが、それらには雨水や給水車の水が用いられることが多い。こうしたいわば上下水道のない農村生活において最も重要な物資の一つである水＝氷であるが、人々はいつ、どこで、どのようにして飲料氷を入手するのだろうか。

ヤクーツクから車で二時間ほどの距離にあるハンガラス郡ニュムグ村で二〇〇七年一一月に調

査していた際に、八〇歳になるという女性から聞いたところによると、「氷採取は一〇月末から一一月の第一週という短い期間に集中する」ということだった。村の近くの湖で、大人の男性がひと抱えできるぐらいの大きさの氷を切り取ってくるのが基本である。重要なのは、一一月中旬以降となり寒さが厳しくなると、湖の氷は厚くなり運びにくくなる。また積雪が深くなっても、運搬が大変である。そのために、雪が少なく、あまり寒くない今の時期が最も適していると言うのだった。

採取は親戚一同が集まり、一日がかりである。数日かけて大量の氷を採取し、それぞれの家に運搬し保管することがこの時期の最も重要な仕事である。運搬は大型トラックで行うが、村人の多くは持っていないため、トラックの持ち主に手間賃を払って利用することになる。聞き取りを行った家は、老女とその息子にあたる独身男性二人で暮らしていたが、およそ六トンの氷を集めるという。トラックで運搬できる量が三トンであり、これが二回来るということでそのような計算となるらしい。三人の世帯にしては多すぎるが、その近辺には親族が暮らしており、また休日には街から子や孫が集まるので、このような量になるという。採取された氷の半分は屋外に置き、これは四月中旬くらいまでに使うという。もう半分は先に紹介したブルースという大型地下氷室に保管され、夏の七月末くらいまでに使うという。その後、八〜一〇月までは給水車の水を購入する。一般的にいって、給水車サービスのほうが安価であるため、貧しい人は氷の水を飲む機会が少ないということであった。給水車利用の場合、二〇〇リットルで三〇ルーブル(一二〇円ほど)、トラックを借りると一回あたり一千ルーブル(四千円ほど)かかるという。

◆氷採取の実際

最後に、実際の氷採取活動（ムース・ウルッタ）がどのようなものなのか、私が参加した氷採取活動を事例に説明しよう。日曜日の朝、九時半に車で家を出発し、九時五三分には村外れの湖ティェーフ湖に到着した。歩いても行ける距離だが、運搬するためのトラクターを使って移動する。同行したのは、下宿先のおばあさんプロスコビエの息子や孫たちを中心とする父方親族関係にある人たちで、それに一人は娘の夫という間柄である。こうした労働単位は、夏における草刈り作業でも同様であり、父方親族が編成の核となるのである。

湖岸に着くと、すでにいくつも氷柱のようなものが立てられている光景に出くわす（写真5−17）。これはすでに誰かが採取したものである。立ててあるのは、運びやすくするためで、接している面が小さければ、湖上の氷と接着してもすぐにはがせるからである。運搬手段が見つからない場合はしばらくこうして放置する。

最初に行うのは湖面に積もった雪かき作業である（写真5−18）。その道具はカール・キュルジェフといって、いわゆる木製雪かきである。これを使って湖面の雪をどけて、氷が見えるようにする。それが終わるとアーニィと呼ばれる突き棒で氷を突く。岸から奥に向かって横長の長方形を作るようにして、氷を切り出していく（写真5−19）。一番最初は、岸から見ると奥行きが一二〇センチほど、幅五〇センチぐらいの長方形ブロックの氷を切り出す。写真にあるように水面に浮く長方形の氷ができると、これを鉤棒《かぎ》（バグゥール）で引っ張り出し、湖岸に滑らせる。持ち出すコツは、長方形の後ろ部分を突き棒で突く。すると、前部分が少々浮いてくるので、そこに鉤を引っ掛けてそのまま引っ張り上げるのである。コツをつかめばそれほど力はいらないとはいうものの、やはりかなりの力仕事である。

そうした作業を繰り返し、このような長方形を横向きに一〇個ほど連なるように突いていく。そうすることで、湖面に横長の長方形のプールのような水面が現れるのだ。大きさを計ったところ、幅五七五センチ、奥行きは一二〇センチである。これを一段とすると、さらに奥に進み、同じように繰り返してひたすら氷を切り出していき（写真5-20）、最終的には七段目まで進んだ。湖岸に滑らされた長方体の氷は、チェーンソーで持ち運びしやすいように裁断されていった。

写真5-17　採取された飲料氷.

写真5-18　湖面の雪をまず除去する.

写真5-19・5-20　飲料氷の採取.

写真5-21　採集した飲料氷をトラックに積み入れる.

写真5-22　家に運ばれた飲料氷.

男たちは持ち運び可能となった氷を湖岸に停めてあるトラックの荷台に放り投げるという作業を続けた(写真5-21)。このようにして採取された氷は、屋敷に運ばれる。写真5-22は庭の一角にブロック氷を並べているところである。うまくバランスをとって積み上げないと崩れて危険だという。このようにして屋外で保管される氷は、冬の間使われるものであり、それ以外は地下の氷室に入れられる。

氷採取活動が短期間に集中的に行われる理由が改めて確認できた。一つには湖面に積もった雪かきは、面積が大きいだけに、雪が深くなればそのぶん労力が増えるからである。もう一つは氷の厚さである。風などの条件もあるが、単純にいえば、積算寒度つまり一日の平均気温の積算が寒くなるほど氷は厚みを増す。一定の寒度が蓄積されない限り、人が乗ることができる氷には成長しないし、だからといって蓄積されすぎると、分厚くなりすぎて取り出すことが困難になるのだ。切り出す長方形の幅と奥行きの大きさは人間が決めることができるが、厚さは自然任せなのである。

この日は一二時二〇分まで氷取りが続けられ、その結果、五七五センチ×奥行き八九〇センチの面積の氷が採取された。厚さを平均二七・五センチとして計算すると、約一万四〇七三リットルの氷を取ったことになる。一人が生存するのに必要な水は一日二・五リットルとし［北野 2009：241］、これを一年間利用すると仮定すると、約一五人が利用できる量を採取したことになる。採取作業に参加した世帯の合計人数は三六人なので、こうした作業を二〜三回行えば、理論上、最低限必要な氷が得られる計算になる。(1)

6 自然の撹乱とコモンズ――レナ川の氾濫と人々の生活

ニュムグ村の村外れにあるティテェーフ湖はレナ川のすぐ近くに位置し、川のような長細い形をしているが、レナ川とつながってはおらず、「湖」なのだという。

冬に零下五〇度を超えるこの地域では、川幅が四キロにもおよぶ大河川であっても凍結する。春の時期に融解し、その結果、毎年洪水が発生するのである。洪水とはいっても通常は村の家屋部分にまで浸水することはない。しかし、この「湖」も含めて低地の辺り一帯は水浸しになるという。そして、水が引いた後も、この「湖」部分は水が残る。住民によると、こうして毎年、水が入れ替わるので、水は新鮮で清らかであり、また魚もたくさん捕れるという。

ティテェーフ湖は、冬には飲料氷採取の場所であるが、夏は漁撈が行われる。つまり、この湖の水資源・漁業資源は、レナ川の春期融解氾濫を前提として成り立っているということになる。そしてこの湖の利用は、村の住民によって共有されている。さらに川岸の氾濫原は、洪水の水が引いた後には草地となり、馬や牛の放牧地としても使われるのである。その意味で、湖とその周囲の氾濫原はコモンズ(入会《いりあい》、共有資源)であるといえる。重要なことは、コモンズとしての資源の利用と再生に、レナ川の洪水という攪乱が必要不可欠な要素となっていることである。これらからわかるのは、まさに厳寒の中の微妙な寒さに出現する資源を共有するという仕組みが存在することである。

7 おわりに

これまでレナ川中流域のサハ人の農村生活における氷を利用した生業について紹介してきた。本章冒頭でも述べたように、氷は凍結と融解という、その形態を大きく変える「動」の側面を強く帯びる素材である。この性質を規定しているのは、もちろんのこと季節に応じての温度の変動である。

このことはサハ人の生業暦で十分な形で認識されている。彼らは一年の半分以上続く寒冷期の特質を見きわめ、選択的に利用しているからである。それはひとことで言えば、冬の始まりである一〇月下旬から一一月初旬の急速に気温が下がる時期の凍結水環境を利用した生業活動の特徴に現れている。氷下かご漁や氷下引き網、そして飲料氷採集は、単に寒ければ可能というものではない。水面に形成される氷は積算寒度が蓄積されるほど分厚くなる。ある研究によると、そこに限界はなく、北極圏では二・五メートル以上にさえ発達するのである［ピルー 2001：235］。当然のこととして、氷は厚ければ、対重量という意味では耐久性が高くなるが、利用や加工という観点からは扱いにくくなる。人が乗っても十分な耐久性がある一方で、斧で簡単に割れる程度の厚さが形成され、かつ人が屋外で活動可能である時期は、一年の中で数週間しかない。この条件に適した活動が彼らの文化の中に刻み込まれているのである。

子馬の屠畜も含めて考えると、この時期の狩猟漁撈には別の意味もある。この時期の動物・魚個体は越冬に備えて脂肪を十分に蓄えた状態にあるからである。そして肉・魚・飲料氷いずれも屋外ですら保存可能な気温であり、長い冬に向けた食料・水の貯蔵という点においても冬の始まりがもつ意義は大きい。

季節的に出現する操作・摂取可能な物質的存在、それが氷なのである。水が液体から固体へ変換するその過程に則した形での文化的適応がみられるのがサハ人の文化の特徴である。さらにいえば、もう一方の「動」である固体から液体に変化する融解の過程もまた重要である。これはレナ川の洪水となって現出するが、それは同時に、住民が魚と水を入手するために働きかける対象である湖沼の更新をもたらすからである。厳寒という同じように見える冬でも微妙な寒さの特質を使い分けた生業暦の発達を支えてきた物質的基盤、それが氷なのである。

温暖化の当該地域社会への影響を人類学の視点から分析することとは、このような氷の利用が自然の変化にいかに対応していけるのか、あるいは脆弱になっているのかを探求することである。

恒常的に暖かくなれば、結氷や融解時期、氷の強度に影響が生じてくる。現時点で何が起きているのかは、残念ながらはっきりと明示することはできない。ただ一つ興味深いことがある。凍結が比較的時間をかけて進むのに対し、融解は一気に進行することだ。それは雪解けによる川の氾濫を常態化させてきた。私の仮説では、この氾濫は水量の補給や土砂の更新という点で、住民の地域水環境利用に肯定的な意味をもたらしてきた。近年、この雪解け氾濫が「洪水」という規模に拡大し、人々に被害をもたらすようになっているのである。その頻度や規模は明らかに大きくなっている。専門家は、その原因をまだ温暖化と断定したわけではない。しかしながら人々は何かを感知している。今後、調べるべき方向を提示したことで本章をいったん終えることとする。

註

(1) ちなみに、二〇〇八年一〇月二四日のナム郡カムガッタ村での調査では、七五×四七×一二センチのブロックの氷が、全部で一九個＝単純計算では八〇三リットル採取された。この世帯は老夫婦二人と一〇代の孫娘一人で構成される。計算上、一人二・五リットル利用した場合、一〇七日分と換算される。

第6章

シベリアのトナカイ牧畜・飼育と開発・環境問題

◈吉田 睦

1 はじめに

ロシアにおいてトナカイ牧畜ないし飼育[1]に従事してきたのは、現在に至るまで主として「北方少数民族」というグループの人たちの多くである。これらの民族は、ソ連期初期の一九二六年に実施された国勢調査時には二六民族、合計は一二万五三八一人であった。その後、ソ連崩壊前後の時期に民族数の追加や帰属変更があり、現在の四〇民族に至っている。「北方少数民族」の二〇〇二年の国勢調査時の合計は二四万三九八二人で、一九二六年時と比べほぼ倍増している[2]。

現在、北方少数民族の中でトナカイ牧畜に従事している民族は一六民族といわれている。主要なトナカイ牧畜・飼育従事民族としては、ネネツ、コリヤーク、エヴェンキ、エヴェン、チュクチ、トゥバなどの諸民族が挙げられる。このほかに、コミ人（ウラル山脈近傍）やサハ人（サハ共和国）、ロシア人（各地）のように、北方少数民族ではない民族が経営や一部放牧に携わっていることもあるが、トナカイの放牧・群管理自体に従事するのはもっぱら北方少数民族といってよい。ガナサンのように、二〇世紀中に生業としてのトナカイ牧畜・飼育を手放さざるをえなかった民族や民族地域集団もある。

2 二〇世紀における家畜トナカイ頭数の推移

トナカイは、人間が家畜化しているか否かで野生トナカイと家畜トナカイに区別される。野生トナカイと家畜トナカイは、伝統的生業として野生トナカイ狩猟や家畜トナカイ牧畜に従事してきた先住民の間では峻別され、名称も異なることが多い。ロシアには現在、野生トナカイが一〇〇〜一五〇万頭程度、家畜トナカイが一五〇万頭程度数えられている。家畜トナカイは、世界にはこのほかにスカンジナビア三国に六〇万頭余、モンゴルに八〇〇頭強のほか、中国、アメリカ合衆国にも若干数が飼育されている。(3) つまり、ロシアには世界の家畜トナカイの三分の二が存在する。ここでは、ロシア・北方少数民族の生業としての牧畜の対象となる、家畜トナカイをめぐる状況について概説したい。

家畜トナカイの頭数を学術的、行政的に全国規模で把握しようという試みがなされたのは、ソ連期になってからである。一九二六〜二七年に国勢調査の一環として行われた沿極北地域国勢調

図6-1　ロシア（ソ連）の家畜トナカイ頭数（企業経営／個人経営，1906–2008年）

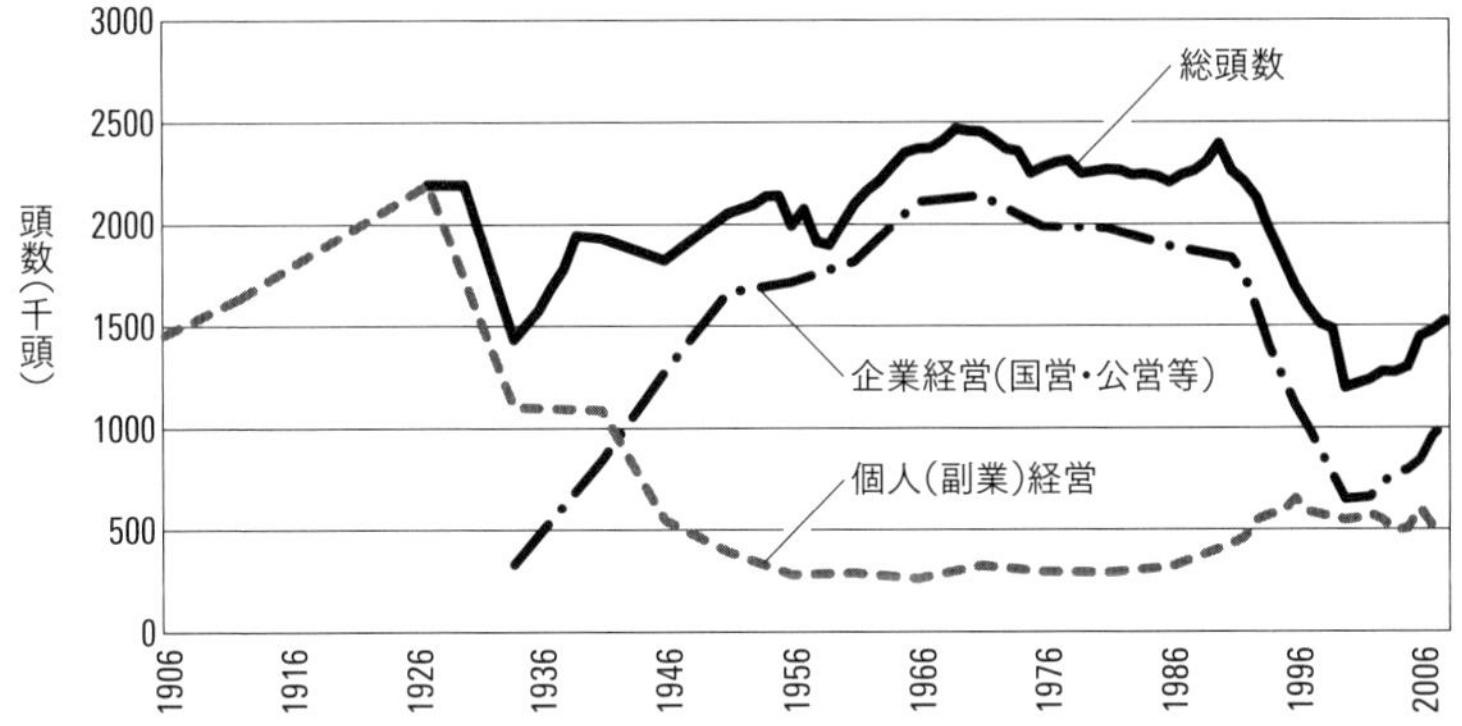

出所：1906–1999＝Klokov and Khrushchev［2006］
2000–2008＝ロシア農業統計（Federal'naya sluzhba［2009］）

査が最初の調査といえる。同国勢調査では、全ソ連および各行政単位の地域別家畜トナカイ頭数は二一九万二六〇〇頭となっている。一般にトナカイを含む家畜頭数、とくに生業としての牧畜という形をとる場合、厳密な家畜頭数を把握することは容易ではない。牧畜民は自己の保有する家畜頭数を厳密に明確化しない傾向にある（そもそも「数えない」「数えてはいけない」）。また、頭数を把握していても、役人をはじめとする外部の者には意図的に正確な数字を申告しないなど、頭数把握が困難である理由はさまざまである。極北に展開してきたトナカイ牧畜・飼育においても、この点は同様といえる。前記のソ連期初期の沿極北地域国勢調査時の数値は、北方地域全般の状況を把握しているとは言いがたいことから、実態より少ない数字であるとみられ、実際には二五〇万頭程度であったとの推定もなされている。

図6-1は、ソ連期を中心にした一九〇六年か

ら最近に至るまでの家畜トナカイの総頭数と、(集団化)企業経営および個人(副業)経営の内訳を含む形での推移を示している。同図の示すとおり、総頭数に関してはソ連期において、一九五〇年代からソ連崩壊の一九九〇年前後まではほぼ二〇〇万頭以上を維持し、一九七〇年前後は二五〇万頭に近い規模に達していた。一九三〇年代から四〇年代にかけての増減の波は、それぞれ集団化初期の混乱(集団化に反対する個人経営者による大量屠畜など)や第二次世界大戦期の食料としての(強制)拠出などを反映している。また、ソ連崩壊後の一九九〇年代以降の急減は、集団化政策の破綻による企業経営の混乱(国営企業系の諸企業の経営悪化や破綻など)を物語る。その結果、二〇〇〇年前後には、二〇世紀の最盛期の半数の一二〇万頭台で推移した。同時に、一九九〇年以降、ソ連期には少ない割合ながら存続していた個人経営下のトナカイ、とくに西シベリアのそれの比率が急増していることもあり、近年は全体として一五〇万頭前後で推移している(集団化期の経緯については次節で詳述)。

3 ソ連期の農業集団化とトナカイ牧畜・飼育

前節で二〇世紀における家畜トナカイの頭数とその推移をみたが、トナカイ牧畜・飼育の経営形態や方法として少なからぬ試みがなされ、また多様な類型が存在した。一九二〇年代後半から三〇年代中頃に至る時期は、トナカイ牧畜・飼育に関して、少なからぬ期待をもって対策が考えられ、調査研究のなされた高揚期であったといえる。それは、北方少数民族のソ連社会への組み入れを担うために一九二五年に設置された政府機関「北方辺境援助委員会」(通称「北方委員会」)が機能した時期と重なる。この時期に同委員会の枠内外でトナカイ牧畜の現状と将来について多くの議論がなされ、また専門雑誌や論考が公刊された。

政権樹立後、ソ連で推進された生産手段の国有化は、生産現場と企業組織の国営・公営企業化という形で実施された。農業部門では一九二九年より開始された農業集団化という形で進められることになったが、トナカイ飼育も畜産部門の一つとして例外なく集団化の対象とされた。しかし、ロシア中央部・南部の畜産・家畜飼育部門が比較的短期間のうちに集団化が実施されたのに対して、極北地域やシベリアといった国土の周縁部を中心に展開していたトナカイ牧畜の集団化の実施までには長期間を要し、また試行錯誤を繰り返すことになった。

先住民の自家消費的な生業という色彩の強かったトナカイ牧畜を産業化、企業化する場合、当然、採算性ということが問題になろう。この採算性という点に関しては、トナカイ牧畜は基本的には給餌する必要のないこと、また畜舎などの構築物建設の必要もないこと(家畜を一時的に収容する簡単な囲い状構築物であるコラールや遊牧ルート上の柵などは除く)、群の管理は伝統的方法に依拠できることなど、有利な条件がそろっていたといえる。このことは、ソ連期にトナカイ牧畜の「原始性」「後進性」が指摘されながらも、多くの経営上の試行がされて畜産部門の一つとして存続してきた理由の一つであろう。

トナカイ牧畜に関しても、初期の集団化措置は、他の農業畜産部門同様、クラークと呼ばれる富農層の解体が先決事項であった。トナカイ牧畜の場合、トナカイを多数保有する少数の富裕層が、零細な小規模トナカイ牧畜従事者を搾取しているという構図が一般的とされた。それら富裕層のトナカイを没収する一方で、小規模トナカイ保有者のトナカイを統合して、新たな経営組織を編成する、というような事業が着手された。集団化というと、ソ連期の中期以降には、国営農場ソフホーズと協同組合型集団農場コルホーズが知られている。しかし、農業集団化初期には、いくつかの組織形態が試験的に実施されたり、また短期的に他の組織に再編・吸収されたりした。

トナカイ飼育における初期の新たな経営組織は、ＰＰＯ（簡易生産合同企業）やアルテリ（農業生産協同組合）であった。前者は当時、農業部門でいうＴＯＺ（土地協同耕作同志組合）に相当する協同組合の初期的な形態であり、土地のみを共有する形態である。後者は土地と生産手段（農機具など）を共有とするものである。このうち一九三〇年代の農業集団化の試行錯誤の中で、ツンドラ地域のトナカイ飼育経営はＰＰＯが卓越、それ以外の定住性のある地域（タイガや河川・海岸の沿岸地域）における経営形態としてはアルテリが多い、というものであった［Sergeev 1955:351］。

他方で、集団化政策は富裕者層《クラーク》からの家畜トナカイの強制的没収を含むものであったため、トナカイ牧畜民側からの抵抗も各地でみられた。西シベリアのツンドラ地帯の例では、一九四〇年代にも当局側のこうした動きに対してネネツ人の牧民が結集して抵抗した事実が、ペレストロイカ期以降に明らかにされた。このような抵抗行為は当局側の強硬策を含めた措置により粉砕され、責任者の処罰や処刑などの悲劇的な結末に終わることが多かった。この種の事件は、現在の牧畜民の間でも自民族にまつわる悲劇として代々語り継がれており、筆者も現地調査の折などに耳にすることもあった。

ソ連行政権力による農業集団化政策の遂行には、とりわけ極北遠隔地域に展開してきたトナカイ牧畜に対しては多大の時間を要したが、そこでも一九五〇年代には一応の完遂に至ったとされた。一九五〇年代後半以降には、農業集団化政策とともに行政権力側にとっての懸案事項であった遊牧・遊動生活者の定住化政策も、小規模集落の統廃合と並行して、より徹底された形で実施された。同時にこの時期には、トナカイ飼育企業の統合・大型化が推進された。それは多くの場合、それまでの協同組合型企業(コルホーズ)の国営企業組織(ソフホーズなど)への移行や統廃合という形で進められた。その結果、トナカイ飼育企業の多くがソフホーズ(国営企業)ないしそれに準じた国営組織になった。

一九六〇年以降、ソ連崩壊直前の一九八〇年代末までは、集団化されたトナカイ飼育業はさまざまな条件のもとで、少なくとも頭数のうえでは比較的安定した状態で推移した(図6―1参照)。公式統計において頭数が二〇世紀最大になったのも一九六〇年代後半から七〇年代前半期にかけてであり、二四〇万頭以上を数えた。とはいえ、集団化開始前の頭数が二五〇万頭と推測されることを想起すると、集団化開始後四〇年を経て、ようやく集団化以前の水準に頭数回復したともいえる。そしてその安定もつかの間であった。

一九六〇年代以降のトナカイ飼育業の安定化にはいくつかの要因が指摘されているが、ひとことで言えば、国営企業化した多くのトナカイ飼育企業に対する国家の保護によるところが大きい。つまり、補助金の支払い、極北の条件下において有用な雪上車や装甲キャタピラ車、スノーモービル、無線機といった車両や機器類の供与などである。そのほかに、牧畜キャンプと集落間の移動や物資供給・産物の搬出、医療サービスにはヘリコプターがふんだんに利用された。大規模ソフホーズでは、屠畜前に配合飼料で肥育させることも行われた。さらに獣医サービスの徹底などにも注意が払われた[Klokov and Khrushchev 2006:14]。

このようなトナカイ飼育業の安定化や一定の興隆は、ほとんどの場合、ツンドラ地帯におけるものであり、地域的にはヨーロッパ・ロシア北部から西シベリアにかけてのネネツ、東シベリアのヤクート自治共和国(現サハ共和国)のサハ、エヴェン、エヴェンキ、北東シベリアのチュクチ、コリヤークといった諸民族のトナカイ飼育業においてである。他方で、タイガ地帯のいわゆるタイガ型トナカイ牧畜・飼育は一九七〇年以降、衰退の一途をたどることになる。タイガ地帯全体のトナカイ可養量は一〇〇万~一五〇万頭といわれているが、この地域の家畜トナカイ頭数は、一九九一年には一九万頭にまで減少した。この地域のトナカイ牧畜が全般的に衰退した主要な要因としては、スノーモービルのような内燃車両の普及により、輸送トナカイ(橇牽引および騎乗・荷駄運搬用トナカイ)の需要が急速に低下したことがある[Klokov and Khrushchev 2006:15]。

一九六〇年以降、これらの国営企業経営体制に組み入れられたソ連におけるトナカイ飼育であるが、家畜トナカイの中にはソフホーズ職員としての牧夫の個人所有トナカイとして登録され、放牧されるものもあった。これはソ連憲法の保障する「個人所有」の中に、一定の割合で保有が認められた農場(自留地)や家畜も含まれており、トナカイもその例外ではなかった。個人副業経営下の個人所有トナカイは、地域によりその飼育実態は異なっていたが、通常はソフホーズなどの企業所有トナカイと同じ群に混入されて飼育されていた。シベリア東部や極東地方ではこのケースが多い。これに対して、西シベリアのネネツ人を中心とした個人所有トナカイ群は、適宜、家族・親族間で所有トナカイの委託放牧が行われつつ、国営企業群とは別の家族飼育群として放牧されるケースが多くみられた。このような経緯が、ソ連崩壊後のネネツ人の家族経営トナカイ牧畜の興隆につながっていることに疑いはない。

4 シベリア開発とトナカイ牧畜

現在、気象現象を中心に地球環境の変化と変動が問題になっており、シベリアも例外ではない。永久凍土層の融解により発生するメタンや森林火災によるCO_2排出に象徴されるように、グローバルな環境変化の震源地の一つともみなされている。他方で、開発という形で進められてきた人為的な環境改変も、ここシベリアでは大きな問題である。それはまず第一に、生活・生業活動において自然環境に依存する程度の大きい先住民に影響を与えるという意味で重要である。さらに社会環境の変化、経済政策や環境政策、対少数民族・先住民政策の如何により、開発行為の内容も進展の度合いも左右される。ここでは問題を整理する関係上、本節ではまずはじめにトナカイ牧畜・飼育に影響を与えてきた開発行為について取り上げ、次節で地球環境の変化・変動について概説したい。

「開発」とひとことで言っても、都市化、農牧地開拓(開墾)、森林資源開発、地下資源(石油・天然ガス、ガス・コンデンセート、石炭、貴金属・鉱物)開発、核爆発(核の経済目的利用)と各種あり、二〇世紀の初頭からこれらのすべてがトナカイ牧畜・飼育に多かれ少なかれ影響を与えてきたが、地域や時期により影響の程度はさまざまである。ここでは、はじめにロシア・ソ連全体の全般的状況に言及したのち、西シベリアにおける石油・天然ガス開発の例を示したい。

現在の極北地域の開発状況は場所によって異なるものの、概して資源開発の波が押し寄せてきているのが現状である。その最たるところが西シベリアの石油・天然ガス採掘地であり、過去数十年間、トナカイ牧地、そしてトナカイ牧畜・飼育に従事する住民との緊張関係の連続であったといってもよい。石油・天然ガス開発は主として南方から北方に進展したため、タイガ地帯においては開発による弊害が大きく、牧地の縮小や荒廃の程度も大きい。一九七〇年代以降、西シベリアのタイガ地帯におけるタイガ型トナカイ牧畜が急速に衰退した主原因は、前述したスノーモービルに代表される内燃移動手段の普及と同時に、このような形での牧地の荒廃・縮小を挙げなければならない。放牧地の縮小により、ネネツの牧民の一部はより北方のツンドラ地帯へと放牧地を移動させることを余儀なくされた。他方で、このような牧地の荒廃・縮小にもかかわらず、西シベリアのツンドラ地帯におけるツンドラ・ネネツのトナカイ牧畜、とりわけ個人経営によるそれは、ソ連崩壊前後より、興隆といっても過言ではない状況のもとで、頭数の増加がみられた。牧地の荒廃・縮小とトナカイ頭数の増加は、必然的に過放牧状態を生み出すことにもなり、現在のトナカイ牧畜をめぐる主要な懸案の一つとなっている。

これに対して、東シベリアや北東シベリアの場合は、トナカイ牧地に関しては、資源開発によって極端に縮小した例は、これまではあまりみられてこなかった。ソ連期に隆盛を誇っていたこの地域のトナカイ飼育が、ソ連崩壊前後から急速に衰退した要因には、集団化政策の破綻や社会体制・制度の変容への社会的適応の失敗という側面が強いといえる。前述したとおり、東シベリアや北東シベリアでは、個人所有分のトナカイも企業トナカイ群と同一の群に混入して放牧されていたため、個人所有群が独立していた西シベリアと異なり、企業経営の破綻や不安定化により、企業経営部分とともに個人経営部分も同時に衰退する運命をたどることになったのではないかと推測される。

北方地域の中でも、西シベリアにおける石油・天然ガス開発の規模とそれにより影響を受けてきたトナカイ牧畜および牧畜民の問題は、今後とも引き続きロシアにとって懸案となり続けていく問題である。西シベリアの石油・天然ガス開発は一九六〇年代にはハンティ・マンシ自治管区を中心に本格化し、新規油田・ガス田は漸次北上した。油田と天然ガス田は同一地に共存することもあるが、西シベリアにおける原油生産はハンティ・マンシ自治管区が圧倒的なシェア（ロシア全体の五五パーセント）を占め、一部がヤマル・ネネツ自治管区においても行われているのに対し、天然ガス生産はヤマル・ネネツ自治管区がロシアの生産の九割を占める。(4) 以下に筆者がこれまでに調査したヤマル・ネネツ自治管区の例を挙げてみたい。

ヤマル・ネネツ自治管区南部プール郡の森林ネネツ人居住地域は、一九八〇年代より石油・天然ガスの採掘地として開発されてきた。旧ソフホーズ系の企業経営のトナカイ飼育業を除き、オプシーナと呼ばれる非営利先住民企業のメンバーが、数十頭程度のトナカイを、主として輸送手段確保（橇牽引）を目的として飼育し、年に数回、宿営地を変える半遊牧の居住様式をとりつつ、生

写真6-1　ヤマル・ネネツ自治管区プール郡ハランプール村近郊の森林ネネツ人トナカイ牧畜キャンプ（2008年3月）.

業としての牧畜や漁撈に従事してきた。写真6-1は、ヨーロッパアカマツの卓越するタイガ地帯中の三月の宿営地風景である。写真にあるように、この地域では各家庭に最低一台はスノーモービルが普及している。また図6-2はこの地区の石油・天然ガス開発の状況を示す地図である。そこに示す「優先的自然保護区」の中にトナカイ牧地が含まれる。当地区のトナカイ牧畜は、網の目状に分布する石油・天然ガス採掘地を避けて比較的狭い遊牧範囲を移動する小規模なもので、一部の油田・ガス田は自然保護区の中にも嵌入している状況である。現実にも滞在キャンプ周辺で、石油の漏洩による汚染で漁撈ができなくなった箇所があった。このように、この地区の生業としてのトナカイ牧畜の将来は明るくはない。

これに対して、ヤマル・ネネツ自治管区北部のツンドラ地帯を主要な遊牧範囲とするツンドラ・ネネツ人の場合、状況はより複雑である。前述のとおり、ヤマル・ネネツ自治管区北部は天然ガスの主要産出地である。他方でこの地域はネネツ人のトナカイ牧畜・飼育地域であるが、現在、ロシア連邦全体の約半数の家畜トナカイ頭数を擁する一大トナカイ牧畜センターなのである。ツンドラ・ネネツ人のトナカイ放牧地も、森林ネネツ人同様、二〇世紀後半以降に進行する開発行為により、牧地の荒廃、縮小という運命をたどった。しかし、北方に突き出た二つの半島であるヤマル半島とギダン半島には開発の波が押し寄せるのが遅く、トナカイ牧地として利用されてきた。同時に、先述したように、ツンドラ・ネネツ人は国営企業系（ソフホーズ系）の企業経営群以外に個人経営（家族経営）による独立した群を保有して、しかも公式に登録された頭数を凌駕する規模の群を広範に放牧させることができた。その結果、この二つの半島をベースにした、個人経営によるネネツ型（サモエード型）のトナカイ牧畜が

図6-2　ヤマル・ネネツ自治管区プール郡の土地利用状況

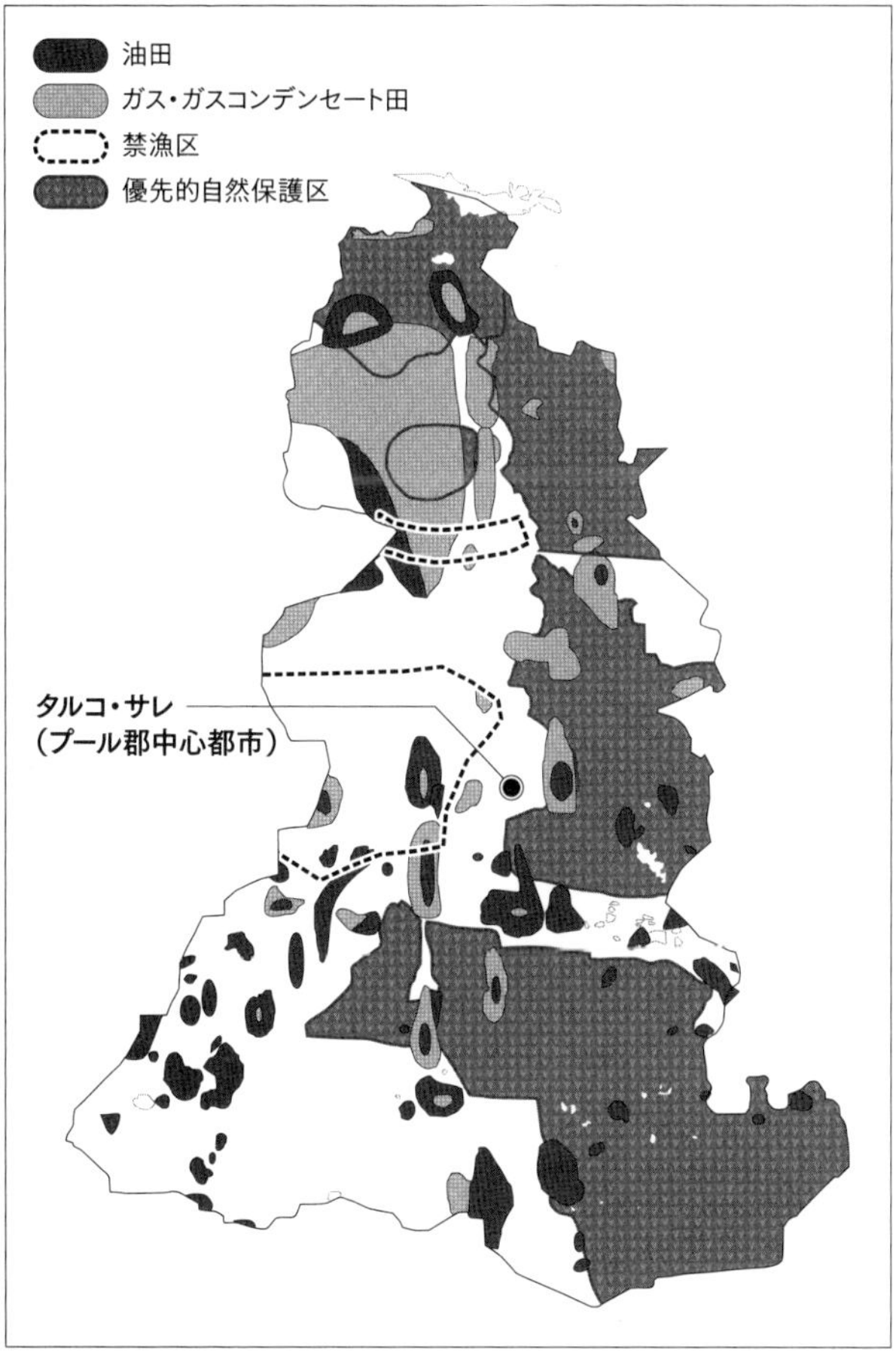

出所：Osipov［1995］

興隆しているのである(写真6−2)。

その一方で、天然ガスの開発は着実に北方に移動してきている。ヤマル半島のボヴァネンコフスコエ、ギダン半島のナホトカ、大陸部のザポリャールノエやメドヴェージエ、小ヤマル(ターゾフスキー)半島のヤンブルグなどの大型ガス田が稼働している。このうちヤマル半島のボヴァネンコフスコエ・ガス田は、ガスプロム社が二〇一二年以降、そこから国内パイプラインを経て、さらにバルト海に敷設したパイプラインを経てEU諸国に供出するノルドストリーム計画でガス供給することを公言している[Reuters 2009]。このような形での開発は、ヤマル半島におけるトナカイ牧畜には少なからぬ否定的影響——牧地の汚染による荒廃や縮小、産業廃棄物の放置によるトナカイの受傷など——をおよぼしてきた。西シベリア・ツンドラ地帯のトナカイ牧畜も、国際的なエネルギー供給政策とその具体的実施計画との絡みで、その存続自体や経営形態・方法について深刻な問題に直面している。

写真6−2　ヤマル・ネネツ自治管区ターズ郡内のツンドラ・ネネツ人トナカイ牧畜キャンプ(2001年11月).

5 地球環境の変化とトナカイ牧畜・トナカイ牧畜民

地球環境の変化は、急速なものとはいっても数十年ないし数百年規模のスパンで推移することが多いので、それが実際に先住民を含む住民にどのような影響を与えてきたか、また与えうるかという問題は、今後の調査・研究の結果を待たざるをえない側面が多い。とはいえ、この問題が先住民の暮らしにどのような形で現れてきているかということについて、これまでの調査結果も含め概説しておきたい。

まず、ロシアの先住民関係者の見解を確認しておきたい。ロシアの北方少数民族の権利擁護団体「ロシア北方シベリア・極東少数先住民協会（RAIPON）」の広報部長O・ムラシコは、近年著した報告において、地球環境（気候）変化は先住民の先住地・伝統生業地に追加的な影響をおよぼしうる、としている[Murashko 2009]。先住民の伝統的生活様式や自然利用形態のうち、環境変化の影響を受けやすいものとして挙げられているのが、ツンドラの大規模トナカイ飼育である。トナカイ群に餌不足やそれによる斃死を招く氷結（アイスバーン）状態の頻繁化、家畜伝染病の流行、自然飼料源の縮小につながる牧地の減少がある。そして、気候変動による極地方の住民への否定的影響を最小化させるためには、極地方の産業開発に関する国家計画分野での予防措置、伝統的生活様式の保全および発展、北方少数民族の特殊事情を考慮したこれらの領域上での健康、教育そして経済の発展のための特別保護自然領域の創設が必要であるとしている[Murashko 2009]。

次に、筆者が実際に調査地で見たものや聴取した先住民の声を紹介してみたい。

二〇〇九年夏に調査を行ったサハ共和国コビャイ郡のセビャン・キュヨリ村とトナカイ群キャンプにおいては、一様に過去二〇～三〇年程度の期間で夏季降水量と降水頻度の増加を語る住民の声が聞かれた。その結果がトナカイ飼育に影響を与える最も顕著なものとしては、河川の増水による河川流域の牧地の荒廃や土壌流出がある。写真6–3は夏季のトナカイ群キャンプである。写真6–4は同じトナカイ群の遊牧ルート上の土地であるが、かつて牧地として利用されていた地所であるものの、河川の洪水による表土流出のため牧地としての利用ができなくなった場所である。このような例は、この村の中心企業である国営トナカイ飼育企業「セビャン」のトナカイ牧地においては多数あるということである。牧地の荒廃・縮小は、旧来の牧地に対する放牧圧を高めることにもなり、過放牧の状況を助長することになる。

西シベリア・ツンドラのネネツ人キャンプでは、開氷時期の早まりを口にする牧夫が多かった。二〇〇五年五月にヤマル・ネネツ自治管区ターズ郡の個人経営キャンプに滞在した際は、月半ばであったが融雪が早まっていた。約一週間滞在したキャンプから集落ギダにトナカイ橇で戻る道

写真6–3　サハ共和国コビャイ郡
セビャン・キュヨリ村近郊の国営トナカイ飼育企業「セビャン」のエヴェン人ブリガーダ・キャンプ（2009年8月）.

写真6–4　サハ共和国コビャイ郡
セビャン・キュヨリ村近郊の河川氾濫原.
かつてのトナカイ牧地・キャンプ地（2009年8月）.

写真6–5　ヤマル・ネネツ自治管区ターズ郡内のツンドラ・ネネツ人トナカイ牧畜キャンプから集落への移動途上.
融雪の中をトナカイ橇で移動する（2005年5月）.

程には、開氷して迂回せざるをえない箇所が多かった(写真6−5)。多くのツンドラ・ネネツ人にとって、五月は学年の終わりで、寄宿学校の児童生徒が親元の遊牧キャンプに戻る季節であるが、「一昔前までは、(夏季休暇に入り)学校から親のキャンプに戻るこの季節に、これほど融雪が進行するようなことはなかった」というような声が多く聞かれた。春の融雪・解氷期は、秋の結氷期同様、内水面での漁撈行為ができなくなる季節でもある。その時期に変動が生じると、他の生業との兼ね合いもあり、自家消費的色彩の強い漁撈による食料確保にも影響をおよぼすことになろう。

6 トナカイ牧畜の現状と将来

生業としてのトナカイ牧畜の企業化、国家経済への組み込みという点については、二〇世紀に実施されたソ連期の農業集団化によって、多くの場合、すでに経営統合や再編を経て国営・公営企業化され、農業部門の一つとして機能してきた側面がある。ソ連崩壊後は多くの国営企業が経営困難になったり経営破綻したりする中で、一部の企業は存続し経営努力する一方で、ネネツ人個人経営者によるトナカイ牧畜は興隆さえしている現実がある。残存するほとんどの国営・公営企業は、補助金を受けながら存続しているのが現状である。

ここで、現在、各地でトナカイ牧畜・飼育産品の開発などにも試行錯誤が行われている点に言及しておきたい。トナカイ肉は、生産地での買付価格は、屠体一キログラム一〇〇〜一七〇ルーブル(三〇〇〜五一〇円)程度にすぎない。小売価格は食肉の部位により、おおむね一キログラム一〇〇〜二五〇ルーブル（三〇〇〜七五〇円）という価格である（二〇〇九年、サハ共和国での例）。他方で、サハ共和国の首都ヤクーツクにはトナカイ産品の販売やトナカイ・キャンプ訪問ツーリズムなどに従事する株式会社「タバ」があり、袋角から抽出されるパントクリンを使用した各種薬品、化粧品、健康補助食品の生産を行っている（**写真6-6**）。また同地の食肉加工会社「スキフ」は、ドイツ製の生産ラインを導入して、市内にチェーン店を多数持つ、評判の高い企業である。恒常的にトナカイ肉加工製品を生産していて、共和国外にも販売されている。

写真6-6　サハ共和国ヤクーツク市の企業「タバ」の生産品（2009年7月）.

西シベリアのヤマル・ネネツ自治管区でも、トナカイ肉の加工やその他の産物の生産に力を入れている。ヤマル半島のヤマル郡中心集落ヤルサレには、フィンランド製の機器を導入した郡公営の加工工場があり、トナカイ肉の冷凍品、燻製肉の真空パック、ソーセージ、サラミ類や缶詰を生産している。販路はまだ広くない。管区都サレハルドには公設小売市場があるが、その一角にヤマル郡の公営販売コーナーがあり、郡内のトナカイ肉および加工製品が販売されている（**写真6-7〜6-10**）。

また、自治管区の支援する「ヤマル地域発展基金」では、トナカイ製品の開発や販路拡大に従事している。例えば、医療用にトナカイの皮革（真皮）からコラーゲン（老化防止剤や医薬用綿の原料）やケラチン（育毛剤の原料等）、毛からケラチンを抽出する試みを行っている（**写真6-11**）。このような新製品開発の試みの例は他にもあるが、一部を除いて採算性を勝ち取るには至っていないものが多い。

トナカイ牧畜・飼育の特色は、極北地域で自然状態において唯一可能な農牧業種であるということのみならず、それが今日に至るまで、トナカイ牧畜民の生活・文化様式そのものでもあるという点にある。つまり、トナカイ牧畜・飼育を先住民の生存と文化の維持の要件という意味を含んだ生業経済活動として、法的にも経済制度的にも位置づける作業が要求され、その方向での努

写真6-7　ヤクーツク市内の公設市場内の肉売場（2009年7月）.

写真6-8　ヤマル・ネネツ自治管区サレハルド市内の公設市場（2008年3月）.

写真6-9
トナカイ冷凍肉各部位（サレハルド市内の公設市場）.

写真6-10
トナカイ肉製サラミソーセージ（サレハルド市内の公設市場）.

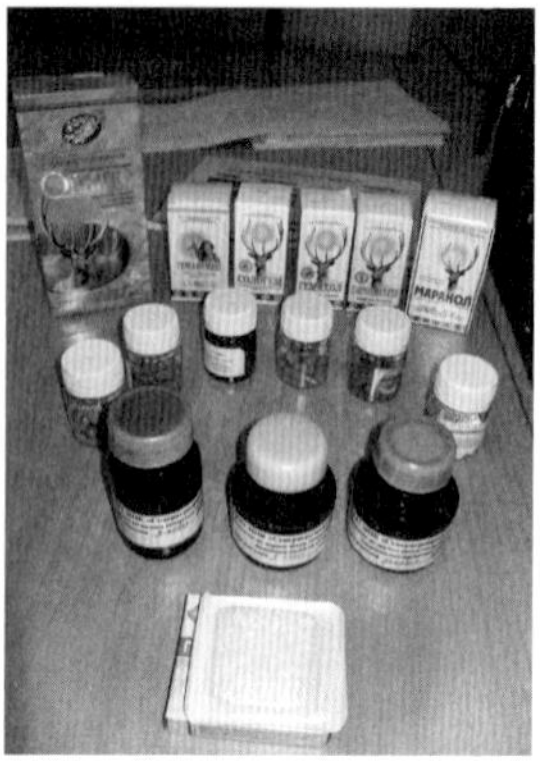

写真6–11　モスクワ市内の「ヤマル地域発展基金」事務所でのトナカイ産品の試作品．前2列が当基金の試作品，後ろ2列は他社製品（2008年2月）．

力が民族学者、法学者、行政担当者間において進められてきた。しかしながら、法的整備という側面のみを取り上げても、連邦構成行政単位（共和国、州、自治管区）レベルはさておいて、連邦レベルで「連邦トナカイ牧畜法」の草案が提示されてからすでに一〇年以上になるが、同法はいまだ採択には至っていない。トナカイ牧地の所有の態様も依然として明らかになっていない。このような状況は、資源開発とそれに係る土地や水系の所有権、利用権などとも絡む問題であるとはいえ、北方少数民族の生存に関わる問題として速やかな対応が求められている。

註

（1）　ここでは、家畜トナカイを飼育する形態の用語として、自家消費的な生業の場合は「牧畜」、企業的経営の場合は「飼育」とし、双方を示す場合は「牧畜・飼育」とする。

（2）　一九二六年、二〇〇二年の人口は、いずれもロシア（ソ連）公式統計による。

（3）　ロシアの野生トナカイ頭数は Wilvevadet and Klokov［2004］、家畜トナカイ頭数はロシア農業統計（Federal'naya sluzhba［2009］）、スカンジナビア三国（フィンランド、ノルウェー、スウェーデン）の頭数は Wilvevadet and Klokov［2004］、モンゴル国の頭数は National Statistical Office of Mongolia［2006, 2007］に拠った。

（4）　原油と天然ガスの生産シェアは、BP社ホームページ（http://www.bp.com）内の「Statistical Review of World Energy」、およびハンティ・マンシ自治管区ホームページ（http://www.admhmao.ru）の二〇〇九年のデータをもとに計算した。

第7章

毛皮獣の利用をめぐる生態系保全と外来生物問題

◈池田　透

1　はじめに

シベリアは極寒の地というイメージから、広大な大自然が残されてはいるものの基本的には不毛の地であるとみなされ、そこに豊かな生命の展開がみられるなどとは想像もつかない地域として一般的には認識されているのではないだろうか。たしかに熱帯地域に比較して環境にバリエーションが少なく、景観構造も単純に思えるかもしれないが、広大なシベリアの自然環境は地球規模での環境保全において重要な役割を果たすとともに、そこに生息する動物たちと人間との間にも特有の関係をみることができる。ここでは、シベリアの野生動物と人間との関係を整理し、かつ近年、新たな環境問題として注目されてきた外来生物問題を取り上げることから気候変動の影響を考えてみたい。

2 北方の自然環境と多様な動物相

北方地域の北緯四五〜七〇度には、北半球の半分の面積を占めるほどの広大な針葉樹林帯が広がっている。この広大な森林は二酸化炭素の吸収といった地球規模での環境保全に多大な寄与をしているのみならず、針葉樹林帯の北に広がるツンドラと雪氷帯、南に広がる冷温帯広葉樹を含む混交林帯や草原とともに、北方地域の多様な野生生物の重要な生活基盤を提供している。また、北方海域では寒流と暖流がぶつかり豊富な水産資源が維持されているが、大河川によって大量の栄養物質が海に流れ込む一方で、サケの回遊などにみられるように魚が河川を遡上することなどによって陸と海との栄養循環機能が維持されていることも北方の自然環境の特徴といえよう。

この広大な北方地域には植生に応じて多様な野生動物が生息している。最北のツンドラと雪氷帯にはホッキョクグマ、ホッキョクギツネ、レミング、フクロウなどが、針葉樹林帯にはヒグマ、オオカミ、オオヤマネコ、アカギツネ、クロテン、オコジョ、キタリスやヘラジカなどが、草原や湿原にはマーモットや多くの水鳥類などが棲む。

これらの動物は、肉・毛皮・角などの利用のために狩猟の対象となり、極北の人々の生活を支えてきた。ツンドラが融けた湿地帯などは足場が悪いゆえに狩りには有利であり、また寒冷な気候は獲物の保存にとって好適な環境を提供することにもなる。さらに進化的視点からは、体が大型化したほうが相対的に熱放散が少なくエネルギー効率がよいことから、一般に北方の動物のほうが大型となる傾向にあり、このことも北方における狩猟のメリットと考えられる。しかし何といっても、極北の動物たちは低温から身を守るために良質の毛皮を有しており、このことが人々を狩猟へと導く大きな要因となっていた。

3 シベリアにおける毛皮獣狩猟

◆帝政ロシア時代

シベリアにおける狩猟の歴史は、「毛皮をめぐる歴史」といっても過言ではない。その歴史は帝政ロシア時代にさかのぼる。当時、毛皮は「やわらかな金」と呼ばれ、クロテン、オコジョ、キツネ、リスなどのシベリア産の毛皮はヨーロッパでは高値で取引され、中でもクロテン(セーブル)の毛皮は珍重されていた。国家専売品であるとともに、先住民からは毛皮税(ヤサク)として徴収され、一五世紀から一八世紀にかけての毛皮交易において最も重要な位置を占めていた[Long 2003]。

雷帝イワン四世の即位(一五三三年)以降、クロテンの毛皮を求めてロシアの東征が開始される。一五七八年にはコサック首長イェルマークによる東進が開始され、東征が始まってわずか一〇〇年ばかりの一六三六年にはオホーツク海沿岸にまで到達した。一六世紀末には、毛皮からの収入が当時の国家収入の三分の一にもおよんでおり、いかに当時のロシアにおいてクロテンをはじめとする毛皮が珍重されていたかがうかがい知れる。

現在でもシベリアには多くの陸棲《りくせい》毛皮獣が生息している。サハ共和国では、クロテンはもとより、ユキウサギ、アカリス、シマリス、マーモット、ホッキョクジリス、マスクラット、オオカミ、アカギツネ、ホッキョクギツネ、ヒグマ、ホッキョクグマ、オコジョ、イタチ、ミンク、クズリ、ヨーロッパカワウソ、ヨーロッパビーバー、オオヤマネコ、ジャコウジカ、ノロジカ、アカシカ、ヘラジカ、トナカイ、シベリアビッグホーン（ユキヒツジ）などの毛皮獣が生息している。サハ共和国のレッドデータブック［Alekseev 2003］に掲載されて保護されているホッキョクグマ、ヨーロッパカワウソ、シベリアビッグホーン（ユキヒツジ）、ズグロマーモット、ヨーロッパビーバー、ステップケナガイタチなどを除いて、多くの毛皮が人々の生活の中でも利用され、クロテン、オコジョ、イタチ、オオカミ、オオヤマネコ、アカリスなどの上質の毛皮は商品としても取引されてきた［池田 1996; Ikeda 2003］。

◆ソ連崩壊後の毛皮市場の変化と毛皮獣狩猟への影響

サハ共和国の首都であるヤクーツクは、ソ連時代を通じて長い間、東シベリアにおける毛皮の主要産地であり集積地であった。しかし、旧ソ連崩壊による政治経済システムの変化によってサハ共和国の毛皮獣狩猟も大きな影響を受けることとなった。経済の自由化にともなってイタリア、ギリシャなどのヨーロッパ諸国や中国から格安な養殖ミンク毛皮が流入することとなり、加工に手間がかかり高価な野生毛皮獣需要は低下し、毛皮の価格は暴落した。さらにインフレが追い打ちをかけて銃、弾などの狩猟用具価格も急騰し、生業としての毛皮獣狩猟は成り立たない状況に追い込まれた。ソフホーズ、コルホーズによる集団狩猟体制は崩壊し、一九九〇年代半ばには野生毛皮獣狩猟は年金生活者の小遣い稼ぎや余暇として行われる程度に衰退し、海外からの狩猟者誘致や彼らのガイドを行うことで事態を打開することすら検討されるに至った。図7-1は、サハ共和国のエヴェノ・ブィタンタイ民族郡バタガイ・アリタ村のレーニン農業企業体における主要毛皮獣狩猟数の変遷であるが、ソ連崩壊後に狩猟数が激減していることがわかる。クストゥール村のブィタンタイ・ソフホーズにおける狩猟者からの毛皮購入価格は、一九九二年で狩猟者一人あたり約三〇米ドル、一九九四年で約七〇米ドルと、生業の体をなすものではなかった。専門狩猟者の数自体も一二人から四人へと減少していた。

図7-1　サハ共和国エヴェノ・ブィタンタイ民族郡バタガイ・アリタ村レーニン農業企業体における旧ソ連崩壊後の主要毛皮獣狩猟数変動

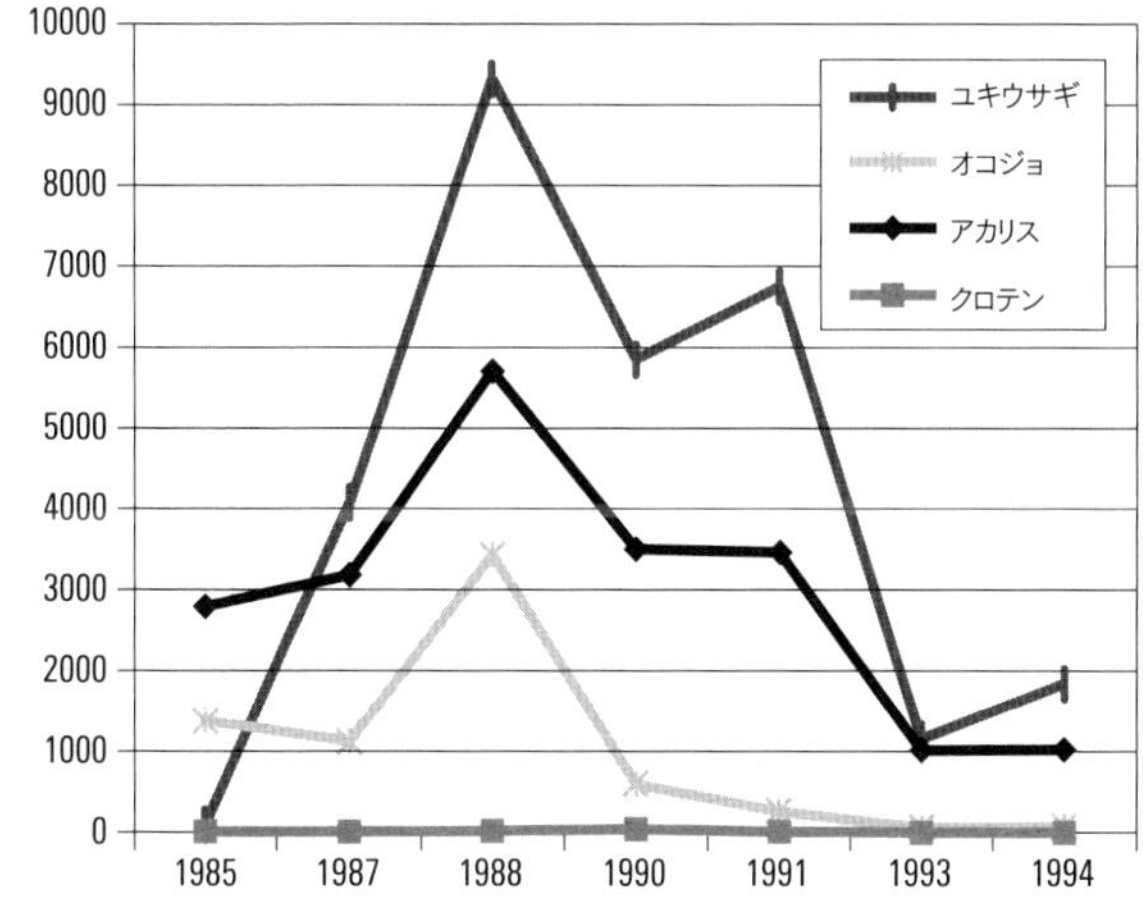

世界各地で地球温暖化の問題が叫ばれているとはいうものの、シベリアが依然として極寒の地であることには変わりはなく、毛皮は

シベリアの人々の生活にとっては防寒具として必需品である。トナカイやユキウサギなどの肉も利用できる毛皮獣は狩猟の対象にもなり、通常の防寒着などに利用されているが、いわゆる高級毛皮獣の需要が減少し、シベリアの毛皮産業自体が危機的状況に陥ってしまった。

こうして規模は縮小され、年金生活者の小遣い稼ぎへと衰退してきたシベリアの毛皮獣狩猟ではあるが、主生業ではないマイナーサブシステンス(1)[松井 1998]として営まれる中にも、卓越した技術と創意工夫をみることができた。狩猟対象動物に警戒感を与えないために、周囲の環境に合わせて倒木や、冬季においては氷で作った罠などを用い、また捕獲した動物の死体処理の手法や儀式などに動物の生命に対する崇拝の様子も垣間見られ、シベリアにおける毛皮獣狩猟の歴史の重さと人々と動物との関係の深さを感じざるをえなかった。温暖化の影響よりは政治体制と経済に翻弄されたシベリアの毛皮獣狩猟ではあるが、サハ共和国政府も伝統的な狩猟の存続と再活性化には力を注いでおり、持続的な資源利用の範囲内での健全な狩猟活動の再興が待たれるところである。

4 外来毛皮獣の導入と気候変動の影響

これまで述べてきたように、シベリアの毛皮獣狩猟には気候変動の影響よりも市場経済の影響が大きかったが、気候変動の影響もまったく考えられないというわけではない。中・高緯度地域では気温上昇が農業などに一時的に好影響を与える場合があるということが指摘されているが、毛皮獣狩猟においても地域的には同様の影響を想定することが可能である。

シベリアでは、毛皮の生産を目的に多くの外来毛皮獣の放獣あるいは再導入を図ってきた。ロシアは古くからキツネなどの毛皮獣の養殖に優れた技術を有し、多量の毛皮生産を行ってきたが、それと同時に乱獲によって減少した毛皮獣の再導入や繁殖しやすい毛皮獣の導入にも力を注いできた。

シベリアで最も珍重されたクロテンは、一九〇〇年には四万八千から五万三千枚の毛皮が世界市場で売られていたが、乱獲によって生息数が激減し、一九一四年には取引量はわずか五千枚にまで減少した[Grzimek 1975]。こうした資源量の減少に際して、ソ連期の一九二五年以降、各地でクロテンの再導入や新規導入が試みられた[Long 2003]。一九〇一年から一九七〇年までの間に一万九一八七頭のクロテンがシベリアを中心とした二〇の州で放獣され、生息数の回復が図られた[Long 2003]。一九三〇年からは、八三三八頭のクロテンが、ヤクーツクを含む東シベリア地域に放獣されて、よく定着したという記録も残されている[Long 2003]。これらの中には地域差を無視して別亜種の個体群が移動されたものもあったようで、在来の亜種との交雑が生じた例も報告されており[Lindemann 1956]、こうなるといわゆる外来生物問題に該当してしまう。現在でこそ、シベリアにおいても外来生物問題は意識されるようになってはきたが、過去においては毛皮生産増加の目的で結果的に生物多様性の低下を招く事業も展開されてきた。

サハ共和国では、クロテンが本来生息しない北部の地域にも放獣されたが、定着はみられず、その理由は北部地域の気温が低すぎるためと考えられている。しかし、ゆっくりとであれ徐々に

写真7–1　マスクラット.

写真7–2　マスクラットの毛皮を剥ぐ猟師.
1時間で70匹ぐらい剝げるという.
マスクラット6匹で毛皮の帽子が一つできる.
撮影：藤原潤子

温暖化が進行すると、クロテンの生息域が拡大することも考えられないこともない。生息域外への外来生物としての導入には問題は残るが、在来個体群の自然繁殖による生息域拡大はシベリアの毛皮獣狩猟にとっては朗報となりうるものであろう。

同様に毛皮生産を目的に導入された種にマスクラットがある（写真7–1・7–2）。マスクラットは体長三〇センチほどの泳ぐネズミであり、繁殖力が高いうえに、水中生活に適応しているために毛皮の質も良い。毛皮生産増大のためにはうってつけの動物であり、日本においても第二次世界大戦中には軍隊用の毛皮提供のために養殖がさかんに推奨されていた動物である。ロシアにおいても毛皮を目的としての導入がさかんに試みられ、東シベリアと極東地域には一九三二年から一九七〇年にかけて三万一一三二頭が放獣されたという記録が残っている[Long 2003]。サハ共和国においても一九三〇〜三一年の導入以来、広範囲に定着がみられている[Long 2003]。良質で安価な毛皮ということで製品として加工されることも多く、ヤクーツクの街の中でもマスクラットの毛皮の帽子はよく見かけることができる。

サハ共和国では、北部地域のエヴェノ・ブィタンタイ民族郡においても数回にわたる放獣が試みられたことは現地の聞き取りで明らかとなっている。正確な記録は残されてはいないものの、地元の人々の記憶をたどるだけでも毛皮目的で他地域から数回の導入が試みられたことは確実なのだが、その結果はすべて失敗に終わっている。これはサハ北部の厳しい冬の気候が原因と考えられる。

マスクラットは湖沼や河川でイネ科の植物などを利用して巣を作ったり、土手に穴を開けて巣を作ったりするが、移動は水の中で、冬季に水底まで完全凍結してしまう場所では生息することができない。マスクラットの冬の移動ルートは氷の下であり、氷の下を泳いで巣や餌場を行き来するのだが、寒さで水底まで結氷してしまうと移動が不可能となり、生活することが不可能になってしまう。実際にマスクラットのハンティングでは、冬の餌場と目される場所の氷を掘ってかご罠を水中に一晩仕掛け、翌日に回収に行くと罠の中にマスクラットが入っているという具合である（写真7−3・7−4）。マスクラットは泳ぎが得意で水中生活に適応しているが、そのために冬においては氷の下の移動ルートの確

写真7−3　氷の下に仕掛けたマスクラット用のかご罠をチェックする狩猟者.

写真7−4　かご罠で捕獲されたマスクラット.

保は彼らにとっての死活問題であり、それゆえ極寒のサハ共和国北部での導入は失敗に終わったと推察される。

しかし、こうしたマスクラットと寒さとの関係において、温暖化の影響で氷の厚さが薄くなることによって水底まで結氷しない地域が拡大すると、マスクラットにとって生息可能となる地域も潜在的に増加することが予想される。また、温暖化や開発の影響によって近年シベリアで増加しているといわれるアラースの存在も、水が生活の中心となるマスクラットの生息にはプラスに作用することが予想される。

これらを考慮すると、マスクラットの毛皮生産にとって状況は好転している、あるいは今後、好転が期待できるようにも思えるが、事態はそう簡単ではない。以下に外来生物としてのマスクラット問題を考えてみたい。

5　外来種マスクラット増加の問題点

マスクラットという新たな動物の導入を試みる場合、かつて生息していた地域へのクロテンの再導入などといった問題に比べて生態系へ与えるダメージがはるかに大きいことが予想され、かつ毛皮の需要が低迷している状況ではマスクラットの増加はマイナスの影響をもたらしかねない。

実はマスクラットは世界的にも侵略的外来生物として有名な存在となっている。原産地は北米であるが、一九〇五年にチェコスロバキアの皇太子が北米旅行の記念としてアラスカから五頭（オス二頭、メス三頭）を持ち帰り、プラハ南西四〇キロの城の庭に放したものがわずか五〇年でヨーロッパ全土に生息域を拡大してしまった［エルトン 1958＝1971; Niethammer 1963］。イネ科植物や貝類などの水生生物に影響を与えるほか、土手に穴を開けることから潅漑などへの影響も大きく、低地に人間が生活するオランダなどでは被害は甚大なものとなっている［Long 2003］。

ロシアのマスクラット導入の歴史においても、徐々に生態系や産業への悪影響が報告されるようになっており、広範囲における水生植物へのダメージや、西シベリアでは一九五八年のマスクラットによる農作物の損失は五千万ルーブルにものぼることが報告されていた［Long 2003］。ロシアでは一九四五年には一九億四五六四万九千頭ものマスクラットが捕獲されて毛皮が生産されていたが、マスクラットによる被害は毛皮販売の利益を上回るという報告さえ出ており、ロシアや近隣自治共和国の中には毒餌でマスクラットをコントロールしていたところもあった［Long 2003］。

しかし、サハ共和国においては従来、外来生物問題に対する意識が低く、一九九〇年代半ばくらいまでは外来毛皮獣の導入についても経済効果ばかりに目が向けられてきた傾向があった。他の地域と比較して気候が厳しく、北部地域のようにマスクラット導入に失敗した地域が少なくなかったことも、この傾向を助長する一因であったと推察される。しかしながら、近年は外来生物の負の影響についての認識も深まりつつある。外来生物問題は、人間の開発の影響による野生生物の生息地破壊に次ぐ生物多様性を低下させる要因として世界的に認識も深まり、世界各地で対策が展開されるようになったが、サハ共和国でも近年は問題意識が浸透してきており、マスクラットについても増殖からコントロールへと意識の転換が見られ始めている。長年の毛皮価格の低迷と人工毛皮の出現によって市場の関心が薄れつつあるという背景もあるが、マスクラットは穴を掘って土手を破壊して洪水を助長することから、洪水被害に苦しむヤクーツク近辺の住民には厄介な存在として認識されるようになってきている。当初は毛皮生産のホープとして導入されたマスクラットは有害獣として認識されるようになり、現在、サハ共和国政府は外来種問題としてのマスクラット対策を検討中であり、研究用の助成金を準備しているとのことである。

6 現在のサハ共和国における毛皮獣狩猟

ソ連崩壊にともなってシベリアの毛皮獣狩猟が衰退した経緯はすでに紹介したが、現在も毛皮獣狩猟を取り巻く状況は厳しい。シベリアにおいて毛皮獣狩猟は伝統的生業であり、人々の生活とも深い関わりを持つことも事実だが、その復興には多くの問題が残されている。

図7-2は一九九六年から二〇〇六年までのサハ共和国における毛皮獣捕獲数の推移である。クロテンの捕獲数は安定しており、若干ではあるが増加傾向を見て取ることができる。キタリスには周期的変動がみられ、これは個体数自体の周期的変動による影響とも考えられるが、年間一〇万頭のレベルを行き来している。マスクラットも波はあるが徐々に捕獲数は増加してきている。図7-3はユキウサギの捕獲数推移である。図7-2では捕獲数が他の動物に比較して少ないために傾向が把握しづらいので、それを拡大したものであるが、最近の捕獲数の急増には目を見張るものがある。

図7-2　サハ共和国における近年の毛皮獣捕獲数変動

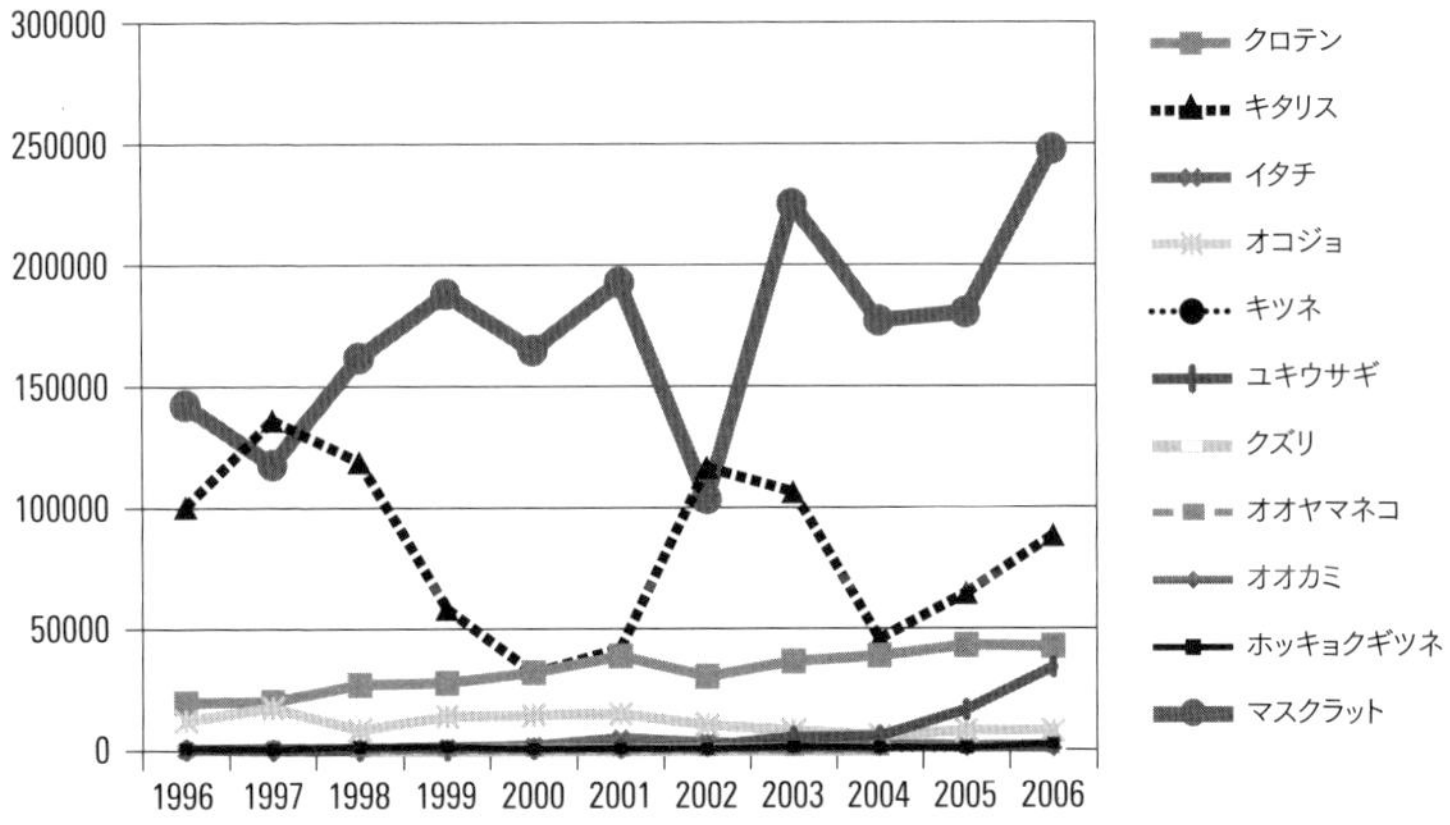

図7-3　サハ共和国における近年のユキウサギ捕獲数変動

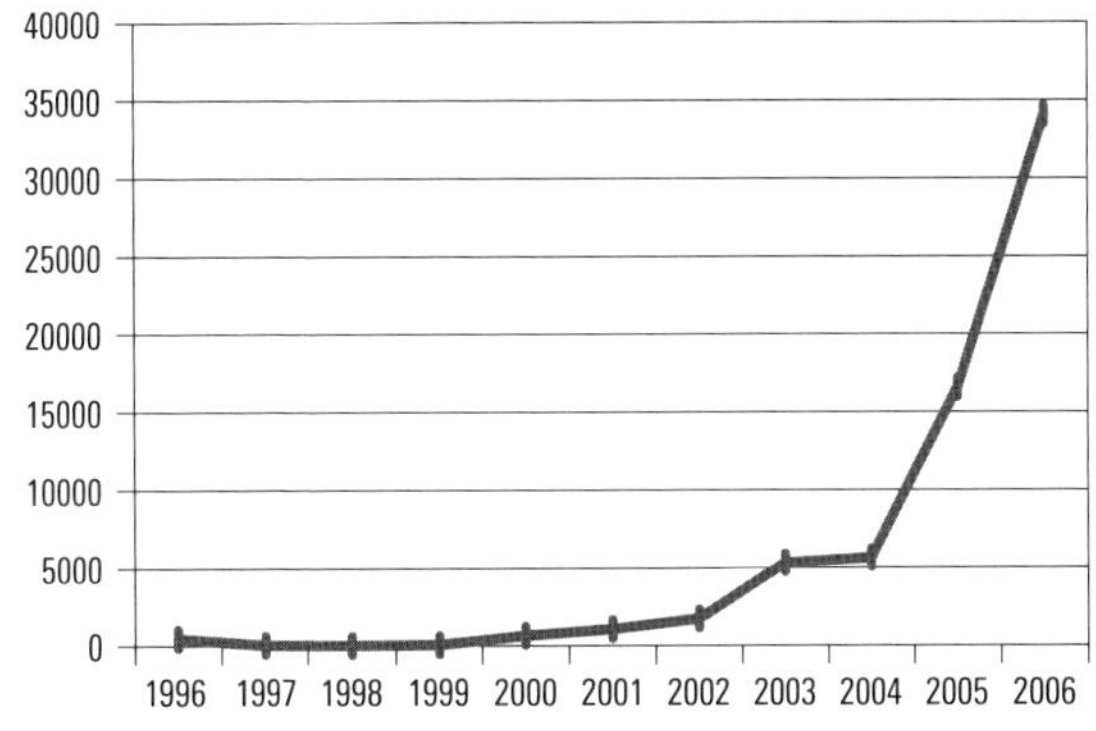

これらをみると、毛皮獣狩猟が復興してきたようにも感じられるが、その背景を探ると、そう簡単に結論づけることはできない。二〇〇〇年以前は主に狩猟は毛皮ではなく、肉を目的に行われていた傾向が強かったという。また、毛皮の売値も相変わらず低いままで推移している。クロテンで一枚が二千〜三千ルーブル、大型のオオカミで一枚が一万ルーブル、マスクラットでは一枚が五〇〜八五ルーブルでしかない。よってプロフェッショナルなハンターは相変わらず少なく、毛皮獣狩猟は無職者の小遣い稼ぎという状況に変化はないという。

また、時代の風潮か、産業重視の政策が変化し、自然環境保全に対する意識の高まりが感じられるようになってきた。ユキウサギの捕獲数が増加していることは先に指摘したが、これは毛皮を目的にした狩猟が復興したのではなく、逆に狩猟が衰退してユキウサギの個体数が増加したために、高密度状況での感染症の発生・拡大を防止するための個体数調整を行ったものであり、まさに野生生物管理を主眼とした捕獲であるという。毛皮生産のためにひたすら個体数を増加させることを目標としていた時代から、健全な生態系管理を目指した方向転換が図られている。

マスクラットへの意識にも変化がみられる。マスクラットによる被害が顕在化するにつれて外来生物の管理問題へと政府の方針が転換してきたことは先にも述べたが、図7-2では捕獲数に増加傾向がみられるものの、この期間の捕獲数は過去の捕獲数に比較するとまだまだ少ないという。二〇〇六年には一〇万頭を捕獲しているが、旧ソ連時代には毛皮の強度が高いということから、マスクラットのブラックマーケットが存在するほど人気があり、サハ共和国北東部だけでも一〇〇万頭の捕獲があったという。それに比較すると、現在の捕獲数は確かに多くはない。毛皮価値が低迷し、社会状況の変化の中で外来種問題への一般の関心も高まりつつある状況で、今後は外来種管理という側面からの対応が迫られている。

7 おわりに——毛皮獣増産から生態系管理へ

旧ソ連時代には毛皮生産が主目的であったため、増産目的での個体数調整が行われてきたが、現在では研究者のみならず、政府や住民にも自然環境保全のための野生生物管理が必要という認識も浸透してきている。現在は銃と罠による狩猟でコントロールが実施されているが、今後は季節的な集中捕獲などの個体数管理に有効な手法の開発も検討課題となっている。

従来は自然保護という観点では、各生物相内における種間関係は考慮されていたものの、群集や生態系といった生物相間の関係を広くとらえた観点に乏しかった印象があるが、現在では広い視野での生態系管理が重視されるようにパラダイムシフトが生じてきているようだ。各々の毛皮獣の個体数増加を中心に考えるのであれば、生物群集や生態系といった全体的バランスを考える発想はないがしろにされることはある意味当然かもしれず、その点からも外来生物の問題には注意が払われてこなかったように思われる。一〇年前にマスクラット導入の問題について現地の生物学者と議論した際には、哺乳類同士(つまり同じ毛皮獣同士)での種間競争や悪影響はみられないので導入に問題はないという意見が強く、植物や水棲生物への影響を投げかけても問題にはされなかったが、状況はこの一〇年で大きく変化している。

社会的に自然環境保全の意識が高まる中で、しかしシベリアという厳しい自然環境において毛皮の需要は尽きることはない。このような状況の中で、シベリアの毛皮獣狩猟は今後どのような方向へと向かうのであろうか。かけがえのないシベリアの自然環境が生物多様性保全といった観点からも健全に維持されることを切に念じつつ、今後の動向に注視していきたい。

註

（1）マイナーサブシステンスとは、いわば余暇や趣味として行われる生業である。食料確保の経済性という意味でいえば、主生業に対する副次的生業に区分される。しかし、この概念が焦点を当てるのは経済上の意義よりも、行為者の実践から垣間見える身体技法や在来知といった文化伝統である。

（文責：高倉）

第8章

氷の上の道路交通

◈奥村　誠

1　北の大地、シベリアにおける「冬道路」

シベリアは広大な北の大地で、東経六〇度にあるウラル山脈から東経一七〇度にあるベーリング海峡までの東西約八千キロ、北緯五〇度付近から北緯七二度付近の北極海までの南北約二五〇〇キロにわたって広がっており、面積は日本の三〇倍以上もあるが、交通網の密度はきわめて低い。鉄道としては、シベリア横断鉄道が有名であるが、北緯五五度付近を東西に走るほかは、西シベリア平原の油田に至るいくつかの支線があるにすぎない。また、舗装されている幹線道路はシベリア鉄道に並行する道路のみで、そのほかに幹線道路が東シベリアのサハ共和国の首都ヤクーツクを中心に存在しているものの、大半が未舗装となっている。通年の利用ができない区間も多く、道路地図には破線で描かれている。

シベリアにはオビ川、エニセイ川、レナ川などのように長さが五千キロ、流域面積が二五〇万平方キロ(日本の七倍)という巨大な河川があり、地図上ではそれらに沿って港の記号も描かれていることから、河川水運が行われていることがわかる。しかし、これらの河川も冬季は凍結してしまい、半年以上の期間は船を通すことができなくなる。

冬季は気温が零下五〇度以下まで下がり、凍結によって大河川であっても水運は不可能になるが、一メートル以上の厚みを持った氷はトラックを支えるのに十分な支持力を持っている。そこで、東シベリアでは冬の凍結した河川の上に「冬道路」が設置される(写真8‐1・8‐2)。地図に破線で描かれていたのはこの「冬道路」で、橋がないために夏には渡れない河川を横切ったり、大河川の上下流にある港町をつなぐような縦方向の輸送も自由にすることができる。サハ共和国には全部で二万二千キロの道路があるが、その三分の二はこの冬道路となっており、ヤクーツク周辺では一一月上旬から翌年の四月下旬までの六カ月弱の間、利用されている。

サハ共和国の道路のアスファルト舗装率は三パーセントで、その延長は六二三キロにすぎない。この地域では夏には地表面は三〇度を超える高温となり、アスファルトが軟らかくなるため、重い車両によって舗装の中の砕石が跳ね飛ばされ、ホールや亀裂ができる。そこに浸み込んだ水が冬季に凍結すると体積が増えて周囲に圧力がかかり、亀裂が広がったり新しい亀裂ができてしまう。そのため、アスファルト舗装は建設だけでなく管理にも費用が多くかかる。最近では舗装と路盤の間に水を通さないビニールシートを挟んで水の浸透を防ぐ工法も採用されているが、費用面で採用が難しいという問題がある。

残りの六九〇〇キロは土の道路だが、夏になると永久凍土層のうち地表面近くの一・五メートル程度までが融解してぬかるみができ、支持力も落ちるために、でこぼこ道になってしまう。以上のような状況を考えると、冬道路は通年利用できる道路が作れないために一時しのぎで氷の上を使うというものでは決してなく、むしろ自然が作る氷という平坦な面を生かした一つの交通システムであると理解する必要がある。

写真8-1　レナ川上の冬道路を走る大型トラック（2009年3月，以下同）．

写真8-2　対岸から遠望した冬道路の様子．

図8−1　サハ共和国の交通ネットワーク図

図8−1にサハ共和国の交通ネットワーク図を示す。凡例の最初の四つが道路で、太い線が連邦道路、細い線が共和国道路である。そのうち実線が通年利用できる道路で、破線が冬道路である。凡例の次の二つが鉄道路線で、地図の下方中央の国境からヤクーツクに向けて北上するシベリア鉄道の支線を建設中であり、現在は途中の鉱山町であるトモットまでの一六五キロが開通している。凡例の最後の線は貨物船の航行が可能な河川の区間を示しており、もしも冬道路がなければ首都ヤクーツクから到達することが困難な町が多いことが読み取れる。

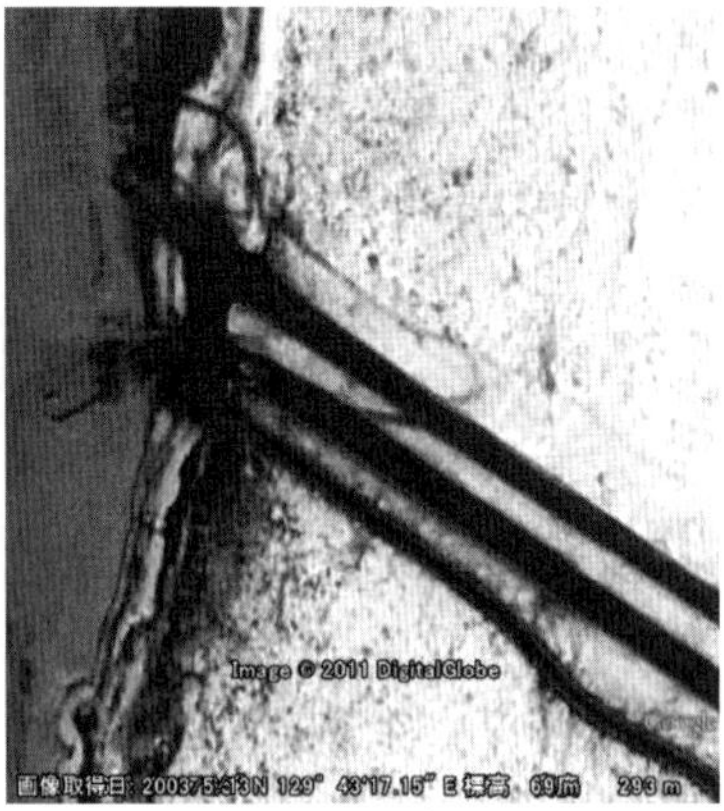

写真8-3
ヤクーツク南方のレナ川横断冬道路の衛星写真.
出所：Google Earth

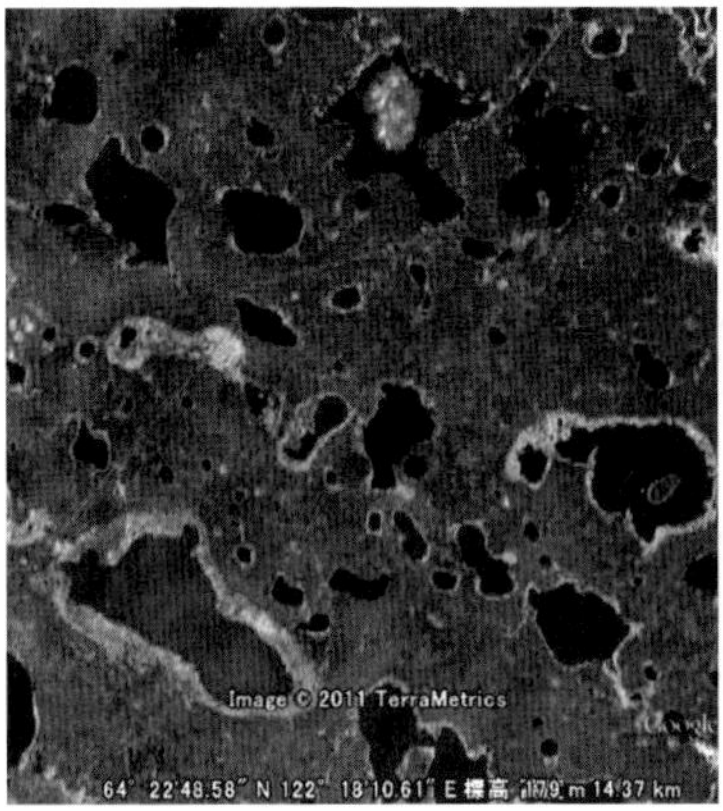

写真8-4
ジガンスク周辺の湖沼群の夏の衛星写真.
出所：Google Earth

通年道路も、大河川の横断地点には橋がなく、夏はフェリーボートを利用する必要がある。例えば、サハ共和国の中央を流れるレナ川の場合、共和国の領内には一本の橋も架かっていない。しかし、冬には冬道路を用いた横断が可能となる。写真8-3はヤクーツクから一五キロほど上流(南)の地点の衛星写真で、川幅約九〇〇メートルのレナ川の本流を横断している冬道路が黒く写っている。氷の上に積もった雪を取り除けて氷の表面を出しているために黒く写ったのだと考えられる。写真8-4は、ヤクーツクより六〇〇キロほど下流(北)のジガンスクという町に至る区間の衛星写真で、この地域にはアラースと呼ばれる熱的カルスト地形が多数存在し、夏には小さな湖を持つ窪地だらけになる。また、複雑に蛇行した河川も存在しているため、夏の通行が困難であることがわかる。

以上のように、サハ共和国では通年利用できる道路の整備は困難であるため、冬道路が大きな役割を果たしている。一九九一年のソ連崩壊以前は、すべての定住者のいる村に対して必要な生活物資をヘリコプター輸送するサービスが連邦政府の責任で実施されていたが、ソ連の崩壊によってそのようなコストを負担することができなくなり、物資の輸送を完全に冬道路に頼るようになった村が増えたといわれている。

2 河川上の冬道路の建設と管理——ヤクーツク—ニージニー・ベスチャフ間の冬道路

ヤクーツクから三本の連邦道路が延びているが、そのうち「コリマ街道」は、ヤクーツク市の北端からレナ川の氷の上を一六キロ使って対岸のニージニー・ベスチャフに横断し、北東に進んでオホーツク海の港町アルダンに向かう。ロシア連邦政府の道路局は、このような河川横断区間の冬道路の建設と管理に関する技術的な基準書を作成しており、最新の一九九八年版は図書館およびインターネットからの文書ダウンロードサービス(有料)で入手することができる。ここではこの基準書の内容のほか、実際にコリマ街道の横断地点の建設と管理を請け負っているメンテナンス会社「サハ・アヴォドール」、およびサハ共和国政府運輸省道路局でのヒアリング調査に基づいて、冬道路の建設と管理の方法を紹介していく。

◆建設と管理の体制

冬道路の一切の管理は、運輸省(道路局)、警察省、非常事態省の中の関連部局と道路メンテナンスの専門会社が特別委員会を結成して行う。道路メンテナンスの専門会社はサハ共和国内には何社か存在し、地域ごとに入札によって次の年の建設・管理会社を決める。管理会社は、落札できた地域内の横断地点ごとに、行政機関の講習を受けて知識を持っている人間の中から管理責任者を選定し、特別委員会において承認を受ける。横断地点ごとの通行可能期間の決定は特別委員会が行うが、前記のレナ川横断区間では例年一二月二五日から四月一五日までの予定で通行許可を出している。運輸省でのヒアリングによれば、実際の通行許可と禁止の日付はかなり安定しており、ここ一〇年ほどでは最大でも一〇日程度の変動しかなく、温暖化による影響はとくには感じられないということであった。

◆冬道路の構造と設計

河川に入る両側の地点は、堤防を乗り越える連絡道路の位置によってほぼ固定されている。砂質の場所はできるだけ避けて、縦断勾配を六〇パーミル以内になるように堤防から河川に向けてスロープを作る。その材料は土および雪を使うことが多い。

水上部では、重量のある車両の下では氷がたわみ、底面の下の水圧が増す。この圧力波が重なると氷板を破壊することがある。道路の車線幅は最低五メートルで、石油や天然ガスの大型タンクローリー車が通過する場合には二〇メートル以上とする。反対方向に走る車両からの圧力波が重ならないように往復の車線を別々に設け、中心線の間隔は一〇〇メートル以上とする。また車線ごとに最高速度と最小車間距離を設定して、前後の車両による圧力波の重なりを避ける。一つの車線の中での車両の追い越しは許さず、交通量が多い区間では第三、第四の車線を設定することが必要な場合があるが、その場合にも車線間の間隔を一〇〇メートル以上確保する。地形上、一つの車線しか設定できないところでは、道路工事区間のように信号を用いた交互の一方通行とする。見通しのよさを考えてルートはできるだけ直線で設置するが、河川の流れに対して四五度以上の角度、あるいは流れに沿う方向の直線区間をつないで設定する。曲線半径は六〇メートル以上のゆるい曲線とする。

氷の厚さは水深とほぼ比例するという傾向があるため、水上部のルートは、できるだけ水深の深い場所を選定することが望ましい。そこで、秋までに船からの水深観測を行って水深の分布図を作成しておく。もちろん秋から春にかけて水位がさらに低下していくので、その影響を見込んでおく必要がある。

◆冬道路の建設作業

一二月にはレナ川は厚さ一メートルを超える氷で完全に覆われる。担当のメンテナンス会社は、夏の間は閉鎖されていた両岸のプレハブの詰め所を建設作業用の詰め所として使える状態に戻し、ブルドーザーを用いて横断道路の建設作業を始める。予定ルートに沿って氷の上の雪を三〇メートルぐらいの幅で取り除き、凹凸を削って氷の表面を平らにする。氷の構造を見きわめながらルートを微調整することもある。平坦な氷には、大きな氷塊が上流から流されてきてその場所に停止したものと、最後の時期まで残っていた水面が凍ったものの二種類がある。後者は強度が弱いので、避けるようにルートを微調整するのである(写真8-5)。

各車線の片側、中心線から二〇メートル離れた線上に、一〇〜五〇メートルおきにドリルを用いて氷に穴を開ける。最後の穴は岸から三メートル以内の位置に開けるようにする。穴の直径は氷が厚いほど大きく、六〜一六センチとする。この穴は氷の色や空洞を観察し、ものさしを差し込んで氷の厚さを正確に測るために用いられる。さらに、この穴から氷の下を流れる水を汲み出して氷の表面に撒き、冷えた空気で凍らせて氷の厚さと強度を増やすとともに、細かな凹凸をなくす。

写真8-5　レナ川上のコリマ街道冬道路東行車線と予備車線.

具体的な作業は以下のような手順で行われる。まず、氷の表面から雪を取り除けて空気で冷却されやすいようにした後、雪を線状に盛り上げたものや木材の棒で水が流れ出さないように仕切りを作り、その中に水を撒く。水の量は気温や風速から二四時間以内に完全に凍る量を計算し、それを超えないように調整する。氷の厚みを急速に増加させるため、水と一緒に氷の破片を撒いたり、雪と砕石を混ぜたものを撒く場合もある。さらに、基準書にはＧＲＡＤという人口降雪車から氷点下一五度の水を降らせるという方法も掲載されているが、ヤクーツク周辺では使われていないらしい。

最後に、夜間でも通行できるように反射材のついたポールを一五〜二〇メートル間隔で車線の両側に立て

写真8–6　コリマ街道冬道路のヤクーツク側入口.

写真8–7　冬道路から出てきたトラック.

る。両岸の陸上部には遮断機と信号機、車両重量制限、最高時速の交通標識を設置する（写真8–6・8–7）。荒天時や補修作業時に車両を待機させるスペースも河川敷内の陸上部に設けておく。さらに河川上では、補修作業時の振り替えに用いる予備道路を、本道路に隣接して建設する。

　メンテナンス会社による以上の建設作業の完了後、基準書の計算方法に従って当該区間の車両重量制限値を決定する。キャタピラ付車両の制限値を六〇トン以上に設定する時、あるいは車輪つき車両の制限値を四〇トン以上に設定する時は、計算だけに頼るのではなく、その予定重量の一〇パーセント増しの試験用のおもりを用意して実験を行う。コンクリート製のおもりのほか、所定の量の砂や水槽に入れた水をおもりとして用いることがある。おもりを橇に載せて小型のトラクターで牽引するが、小河川の直線区間であれば片方の岸から電気ホイストを用いてロープで引っ張って移動させることもある。

このおもりの移動実験の後に、氷に連続的な亀裂や割れが見られないこと、残留変形量が氷厚の五パーセントを超えていないことを確認して、開放時間帯と通行開始日および予定終了日、開通後の管理作業計画に対して、運輸省または地方行政の担当者による承認を受けることになる。

◆開通後の管理体制

開通後、詰め所にはメンテナンス会社に属する四人のグループが二交替で勤務し、二四時間体制で信号の管理と目視による過積載重量車両の遮断などを行う。グループのうちの一名が代表管理者であり、観測した氷厚から基準書に基づいて通行可能車両の重量を計算し、車両重量制限、最高速度、最小車間距離などの制限を変更する権限を持っている。氷の状態が悪い場合、あるいは悪天候により視界が悪くなった時には、一時的に通行止めにすることもできる。

別に一組五名からなる巡回チームが一月までは三日に一回、二月からは毎日、五〇メートルごとに氷の厚さと積雪深を測り、氷表面の亀裂やひび割れ、変形の有無を確認する。氷厚の測定は五〇メートルごとに開けた穴から直接メジャーで測る。この方法ならば穴から氷のサンプルを採取することも同時にできるし、補強用の水を採取するためにも穴が利用できる。あわせて一日一回、外気温を測定する。

メンテナンス会社「サハ・アヴォドール」では超音波式の測定器も保有しており、四輪トラックの下部の地上から六〇〜八〇センチの位置に取りつけて、走行しながら連続的に氷厚を測定することができる。直流一二ボルトのバッテリーで駆動し、メーターを切り替えれば、〇〜一五〇センチおよび〇〜七・五メートルの範囲を測ることができる。

補強が必要な場合には水を撒いて氷の厚さを増やす。この作業は二キロの区間ごとに、本道路に並行する予備道路に交通を振り替えながら、一区間に五日間かけて行う。五〇メートルごとのドリルの穴からポンプで水を汲み、雪と木材で仕切った範囲に最大一〇センチの厚さの水を撒く。水の深さは気温や風速から二四時間以内に完全に凍る量を計算し、それを超えないように調整する。

交通による氷のひび割れが見られる時には、ただちに上面から水を撒いて埋めるようにする。一五センチ以上の幅のひび割れは上から砕氷を用いて埋め、その後、安定するまで通過車両の最小車間距離を一〇〇メートルに規制する。一五センチ以上のひび割れの長さが二メートル以上になった時、ひび割れがくもの巣のように拡大した時、局所的な氷の谷間や穴ができた時には、ただちにその車線の交通を予備道路に回し、補修工事を行う。

◆春の供用終了日の決定

春になり気温が零度を上回るようになると、日射の影響も受けて氷の厚さは減少し始める。基準書によれば、気温の三日ごとの平均値が上昇していれば、最新の観測結果を用いて可能積載重量を計算し直す必要があるとしている。また氷の表面に融けた水が見られるようになると、観測体制や最大車両重量の規制の強化が実施される。終日二四時間通行可能であった区間についても、現場の管理責任者の裁量で、通行時間を気温が低い夜間と朝に限定することができる。

氷の厚さは水深にほぼ比例していて、岸に近い端のほうが薄く、河川の中央部のほうが厚い。したがって、春に壊れる時は両岸に近い部分から壊れることが多い。とくに岸に近いところに開口部ができると、氷の下の水にかかっていた圧力が開放され、氷の上に水が流れる。この水流は氷の構造を変化させて空洞を増やす働きがあるので、水流が止まった後には崩壊する危険性が大きくなる。

基準書では、通行終了の判断基準として、

①車線の氷の表面に長い距離にわたって水が現れるようになった
②幅一五センチ以上のひび割れが、長い区間にわたって出現した
③明らかに氷の厚さや強度が不足するようになった
④河川の水位の変化にともない、アプローチの坂道区間が損傷した

という条件を挙げており、管理責任者が使用期間の終了を決定するとしている。

公式禁止日以降に軍事や医療などの理由で緊急に冬道路を利用したい場合には、メンテナンス会社に申請し、特別に使用許可を認める場合がある。ただし、公式禁止日以降は氷厚の計測はしていないので安全性は不確かであり、春先になると上流の氷の融解で増えた水が、まだ残っている氷版の上を流れることが多い。このような氷版の上の水の流れが起こった後には利用を許可しないということであった。

3 河川上の冬道路の利用

◆利用上の制限

先に触れたように、河川上の横断区間においては、圧力波の発生を防ぐために車線ごとに一方通行としており、最大車両重量、最高速度と最小車間距離に関する規制がある。基準書によれば最高速度は時速二〇キロ、乗用車間の車間距離は三〇メートル以上、トレーラーなどの大型車の前後は七〇メートル以上を基準とし、その場所の状況にあわせて異なる値を設定するとしている。二〇〇九年三月四日の時点では、コリマ街道レナ川横断地点の最大車両重量は三〇トン、看板の最高速度は時速二〇キロと書かれていたが、スロープの途中には時速一〇キロの道路標識が立っていた。最小車間距離は看板の数字と道路標識の数字は同じで、四五メートルであった。

霧あるいは吹雪の中での通行は禁止されている。また河川上の区間内での駐停車、急発進、Uターン、車線外への乗り入れ、燃料の注入などは禁止されている。故障のため自力で動けなくなった車両は、岸から五〇メートル以内の場合にはただちに詰め所のロープを用いて牽引されて岸に引き上げられる。それよりも遠い場所での故障車は他の車に牽引されることになるが、かならず他の車を先導させて時速一〇キロ以下の速度で牽引する。その際、故障車のドアは開いたままとし、すべての乗客は安全ベルトを締めてはならない。氷の割れ目に車両が落ちた際、迅速に避難できるようにするためである。バスなどの多人数が乗車している車両の重量制限は、安全のために、貨物車に対する最大重量制限の三分の一とする。

徒歩で横断することは、次のような通路が設置されている場合にのみ認められる。歩行者用通路は車両が通過する車線からポールで区切られた外側に設けなければならない。さらに横断区間の長さが一〇〇メートルを超える場合、歩行者が途中で休み、体を暖めることができる中間の休憩場所を一〇〇～一五〇メートルごとに設置しておく必要がある。

爆発物、有毒物質やその他の危険物質を積載している車両は、管理詰め所に個別に通過の申し込みを行う必要がある。管理者は氷上区間に歩行者、家畜などを積載した車両、乗用車がないことを確認して通過を認める。路線バス、消防車、救急車、道路管理関係車両、公共の目的のための緊急車両の通行は優先されるため、他の車両は待機しなければならない場合がある。

写真8-8　河川横断地点直前で待機する車両.

◆期間外利用による事故

過去には公式開放の前の期間、および公式禁止日以降の期間における無断利用が行われ、氷が割れて車両が沈む事故が起こっていたが、最近の状況はよくわかっていない。一般の人々は、「最近でも事故は起こっている」と言うことが多いが、サハ共和国運輸省道路局のヒアリングでは、最近はマスメディアやインターネットを通じての広報を充実させており、また通行禁止日後に、交通警察が出動して監視を行っているので、期間外の無断利用は減っており、ヤクーツク周辺ではここ五年間は事故は発生していないという。サハ共和国全域では二〇〇七〜〇八年の冬には転落事故は発生しておらず、二〇〇六〜〇七年の冬は一台落ちたものの、救命活動の結果、死者は出なかったとのことである。

4 冬道路にしのびよる危険性——シベリアにおける温暖化

シベリアは地球温暖化の影響を最も大きく受ける地域の一つである。例えば一九七五年から二〇〇〇年までの平均気温の上昇は、世界の平均では〇・五度であるが、ヤクーツクでは二・五度に達している。ＩＰＣＣ（気候変動に関する政府間パネル）第四次報告書（二〇〇七年）によると、シベリアの平均気温は今後二五年間に一・五度、一〇〇年間では五〜六度程度上昇すると予想されている。また降水量も冬季は増加し、夏季は若干減少すると予想されている。このような気候の変化により、今後、河川が凍結しなくなることはないとしても、凍結や融解の時期が変動することが十分に考えられる。

◆冬道路の通行可能期間への影響

われわれは河川の氷と大気との熱のやりとりに基づいて、日々の気温が与えられた場合の河川表面の氷の厚さの変化を計算するための数式を提案して、過去の観測結果と照合した。あわせて

図8-2　ヤクーツクの平年平均気温に基づく氷厚の計算値と積載可能重量

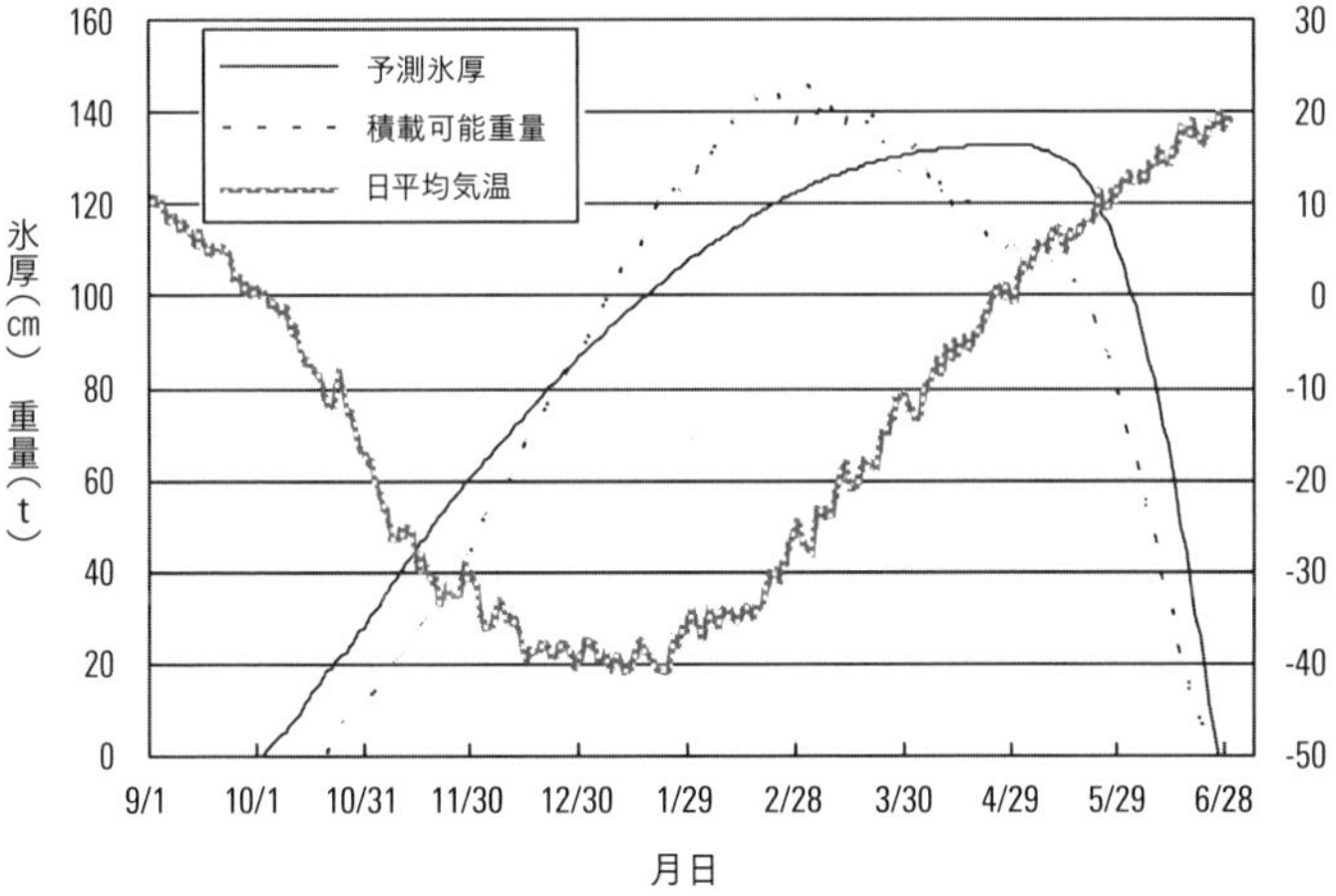

氷の力学的強度に関する文献に基づいて、毎日の積載可能重量の値を計算した。結果は図8-2のとおりで、氷厚が最大になるのは気温が零度以上となる四〜五月であるのに対して、積載可能重量の最大値は氷温が低く厚さあたりの強度が強くなる二〜三月であることが確認できる。

次に、対応する過去一四年間の平均気温を基準として、仮に毎日の気温がそのまま数度上昇した時の気温を与えて氷の厚さの変化を計算し、各種の車両が通行できる期間の長さがどのぐらい短くなるかを計算した。その結果を図8-3に示している。例えば二〇トンの車両の場合、過去一四年間の平均気温から六度の上昇があると、通行可能期間は二二〇日から一八八日と約一カ月間短くなる。実際にはこの可能期間になってからブルドーザーを入れて冬道路の建設作業を始めることになり、また氷の局所的な不均一性を考えれば耐荷力がなくなるぎりぎりま

図8-3　ヤクーツクの気温上昇にともなう積載可能重量ごとの使用可能日数の変化

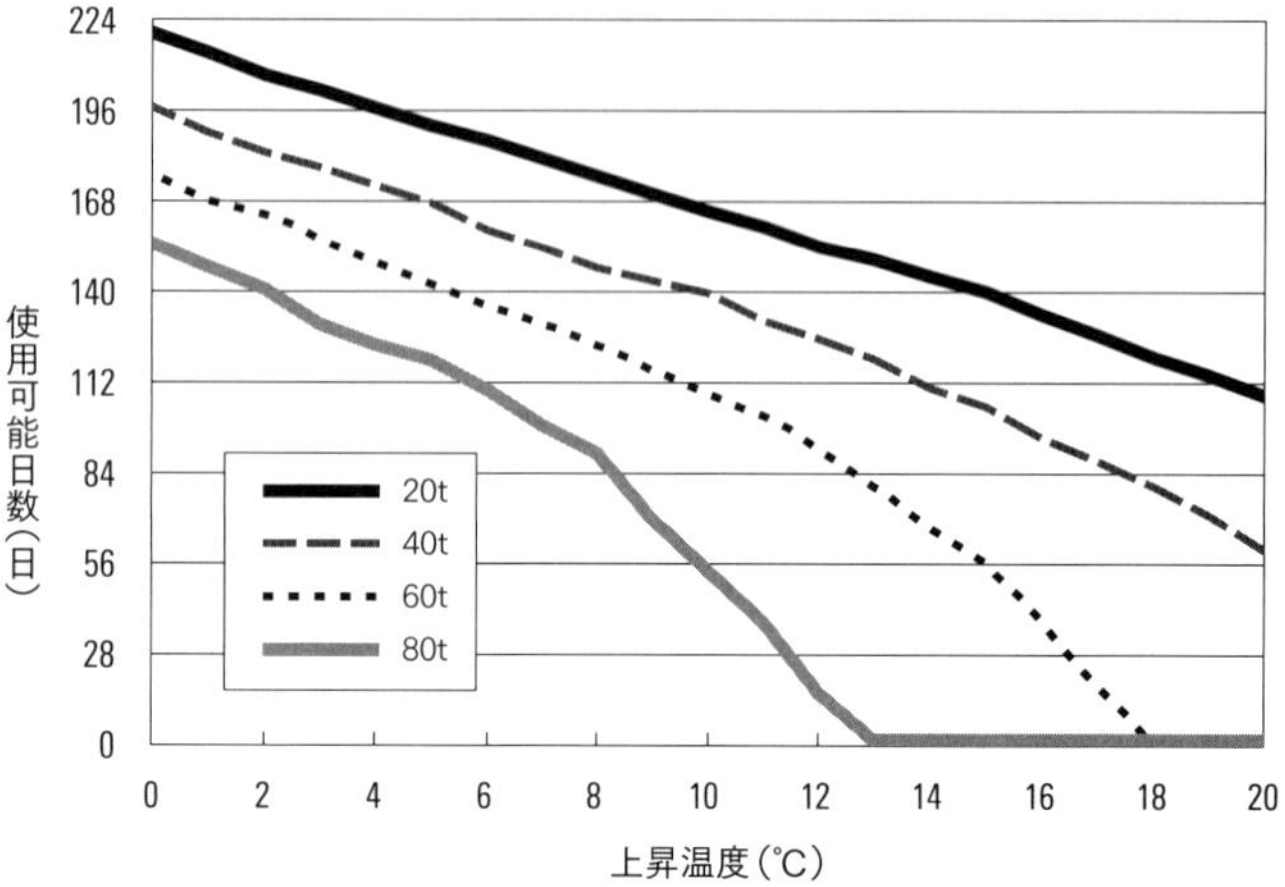

で通行することはできないため、冬道路として一般車両が使用できる期間は計算値よりもかなり短い。実際、ヤクーツク周辺では現在、一二月下旬から翌年の四月下旬までの五カ月弱の間、冬道路が利用されている。この計算から、今後一〇〇年間で見込まれる通行可能期間の短縮は約一カ月であり、少しずつ準備をしていけば十分対応できる変化であるようにみえる。

◆生活暦への影響

しかしながら、具体的にある目的で冬道路を利用する場合には、使用期間はより限定される。例えば、サハ共和国の電力会社では都市間をつなぐ送電線のメンテナンスを行う必要があり、工事車両や電線などの資材は冬道路を利用して運んでいる。一二月から二月までの間は気温が零下五〇度以下になることもあり、もし作業用車両が人家のない場所で故障したりすると作業員の命にも関わってくる。そのため、工事ができる時期は一一月、三月、四月の三カ月間に限られている。別の例として、道路工事を行う場合にも砕石などの舗装材料は冬道路で運んでおくが、アスファルトは気温が五度を超えるようになるのを待って施工している。このようにシベリアでは気候の季節変動に合わせて限られた時期にしか行うことができない作業があり、それに合致する形で冬道路を利用して資材を運搬しておく必要がある。

今後、温暖化の影響で、河川やアラースの凍結や融解の時期が変動するようになると、このような生活や作業のスケジュールを調整する必要が生じてくる。凍結融解時期の変動幅が小さければ微調整ですむが、変動幅が大きければやがて対応できなくなると考えられ、生活全般を見直す必要に迫られることになる。

5 おわりに

交通計画学の教科書の冒頭には、「交通主体、交通具、交通路の三つを交通の三要素という」と書かれている。このうち交通主体とは、交通を用いて移動させたいモノやヒトを指している。日本でもつい最近まで、農産物や海産物が主な輸送物資であり、その時代には交通主体の量が季節的に大きく変動していた。一方、交通具にも自然の風を利用した帆船などが使われており、利用可能な季節は制約されていたと思われる。さらに北前船などの沿岸海運では、台風などにより海という交通路が利用できない季節も存在していた。このように、つい一〇〇年あまり前までは、交通の三要素がそれぞれ季節的に変動する中で、どのように効率的に輸送を行うかということが大きな問題であり、それを踏まえた輸送計画の立案技術が存在していたはずである。シベリアの冬道路システムも、交通路と交通主体への季節的な制約が強い中での輸送であり、それに即した計画が必要となる。

しかし残念なことに、現代的な交通計画学ではこのような季節変動への考察がほとんどなされていない。それは現代の交通計画が、都市の通勤交通による渋滞問題の解決を主要な課題としており、代表的な一日に行った調査に基づいて交通現象を平均的にとらえるという方法を発展させてきたためである。

国際港湾などの都市間の輸送施設計画においても、季節の変動は十分に考えられてこなかった。そこでは平均的に必要とされる輸送量に基づいて施設を計画し、自然の影響を受けることなく通年的に使えることを目指した設計をする。例えば、二〇トンコンテナを一万個以上積載できる三〇〇メートル以上の長さの超大型コンテナ船を建造する一方で、一七メートルの水深が通年確保できるような場所を埋め立てて港湾を作ることで、季節に左右されないような大量輸送システムの構築を目指す。いったん施設が出来上がると、それを年間を通して有効活用するような方策が採られることになる。例えば荷物の少ない時期には、輸送費を割引して荷物を集めることが行われる。

以上のようにして作られる大規模な輸送システムは、季節の変動の影響を受けず、船舶の回転率などの経済効率の点でいえば合理的なシステムではあるが、本来必要ではないものも結果的に輸送してしまうことになる。また、人工的な機械や構造物に頼る部分が大きくなり、自然環境の保全やエネルギー利用の効率性という点では問題を含んでいる。周知のように、交通・輸送部門がCO_2の排出に占める割合は日本では約二割を占め、その割合は経年的に増加している。ノルウェーのようにこの割合が三割以上を占める国もあり、世界的にも輸送部門からのCO_2排出を削減していくことが求められている。シベリアにおいても、通年的に利用できる道路を作り自動車を増やすことは地球温暖化の抑制には得策ではなく、船舶と冬道路をうまく使っていくことが必要と考えられる。

❄コラム2

途絶環境化するシベリアの村

――ソ連崩壊と温暖化

藤原潤子

シベリアの大地は果てしなく広大だが、人はまばらである。東シベリアのサハ共和国の場合、面積は日本の八倍あるが、人口は九五万人程度である。これはつまり、一〇平方キロメートルあたり平均三人しか人間がいない計算になる。共和国内では、トナカイ牧畜、牛馬飼育、漁撈、狩猟などを営む村が散在するが、中には到達するのが非常に困難な場所も少なくない。これらの遠隔地の村には、社会変動や気候変動の影響はどのように現れるのだろうか。ここではとりわけ中央部から遠い、北極圏のスレドネコリマ郡アルガフタフ村の例を紹介したい。

アルガフタフ村は北極海から川沿いに八二五キロ、郡の中心の町からは一四〇キロのところに位置する。現在、人口は約五七〇人で、主な生業は牛馬飼育、漁撈、毛皮獣猟である。かつて、馬、トナカイ橇、犬橇

川で魚を捕る親子.
ソ連時代の国営農場が倒産したため,
現在では漁撈は
主に世帯単位で行われている.

長期保存のため，乾燥しやすいように
切れ目を入れて魚を干す.

トナカイの毛皮を加工する.

の交通手段しかなかったこの村に飛行機が就航したのは、一九五〇年代末のことである。以後、国の補助によって格安運賃で週四回、十数人乗りの小型飛行機や二十数人乗りのヘリが飛ぶようになった。当時、村の国営農場《ソフホーズ》で生産されていた毛皮、肉、魚なども、やはり空路で町まで運ばれるようになり、高い給料で村人の生活は潤った。

ブーツを縫うためのトナカイの毛皮と道具.

しかしソ連崩壊後、空輸に対する国家の補助が激減し、状況が一変した。まず、冬は飛行機が一切飛ばなくなった。しかし、気温が零下四〇度を下回る冬には、村周辺に点在する湖や川がすべて凍ることにより氷上道路が使用できるため、飛行機よりも時間はかかるものの、現在でも比較的便利に移動することができる。問題は水のせいで陸路が使えない夏である。夏の間は週に一フライトだけは残されたが、機体不足その他の事情により、スケジュールはあって無きがごとしである。夏に移動の必要に迫られた場合、人々はいつ飛ぶかわからない飛行機に乗るために、毎朝九時に荷物をまとめて何日も飛行場に通うというような不便を強いられるようになった。夏よりさらに悪いのは、春と秋である。川や湖の氷の融解期・凍結期にあたるこの時期、地面が濡れるため、滑走路の使用は不可能である。もちろん陸

路もない。そのため、救急ヘリを除いて村は外界から完全に途絶した環境になるのである。

ソ連崩壊後の途絶環境化は、物流にも大きな影響をおよぼした。村の生産物の運び出しが著しく不便になったため、現金収入が激減した。また外からの食料その他の物資の調達も難しくなった。ソ連時代は年間を通じて、村の商店にさまざまな商品が並べられていたが、現在では「チョコレートが村に運ばれるのは年に一度だけ」と語られるほど、物の入手が困難になったのである。

しかし、人々はこの状況に徐々に適応していった。陸路で物資を運ぶことのできる冬の間に、一年分の小麦粉や砂糖などを町から運び込み、各家で備蓄するようになった。また各家の脇には永久凍土を利用して作られる地下冷凍庫があるが、そこに村内で生産できる魚や肉、ベリーなどを、かつてよりもはるかに多く備蓄するようになった。さらに、わずかではあるが新たな現金収入源も見いだしていった。冬に村の近くを通る長距離トラックの運転手に、魚や肉などを売るのである。

こうして人々は徐々に途絶環境に適応していった。しかし一九九〇年代末以降、新たな問題に直面している。温暖化による永久凍土融解が原因とみられる大洪水である。通常、洪水と聞いて思い浮かべるのは、水が突然押し寄せ、数日後に引いていくという状況だろうが、この村の洪水は違った。春に川の氷が融けた後、徐々に水が増え続け、夏じゅう水浸し状態が続き、冬にはそのまま凍ってしまい、それが何年にもわたって続く、というような洪水だったのである。この洪水により、村はさらに途絶化することとなった。滑走路が水没したため、二年間、町への飛行機はまったく飛ばなかった。牛馬のための草刈地も水没したため、臨時のヘリで隣村まで草刈りに行かなければならなかった。また、水で村が分断されてしまったため、近所の家に行くのさえボートが必要になった。さらに増水と温暖化によって、地下冷凍庫が水没したり内側から融け出したりした。

洪水問題は二〇〇七年をピークとして、現在は小休止状態だが、温暖化による地下冷凍庫の劣化問題は現在も続いている。外部からの食料調達が困難な途絶環境において、貯蔵環境の悪化は死活問題で、ソ連崩壊後に構築された適応策を揺るがす事態である。さらなる適応が行われるのか、それとも移住を余儀なくされるのか、今後の対応が注目される。

III

先住民の言語と宗教

エヴェンキ民族郡設立記念日の祭り（サハ共和国オレニョク・エヴェンキ民族郡）．
撮影：高倉浩樹

第9章

先住民言語の多様な世界

◈永山ゆかり

1 はじめに

ひとくちに「シベリア先住民」といっても、ひとことで定義するのは難しい。ロシア政府の定める「北方少数民族」はロシアの北方圏に住む少数民族をすべて含むので、フィンランドとの国境近くに住むサーミ人も含まれる一方、四〇万人以上の人口を有するサハ人やブリヤート人は少数ではないので「少数民族」には含まれない。またカムチャツカ地方のコマンドル諸島に住むアリュート人は一九世紀以降に移住させられてきた人たちなので、シベリアの「先住民」とはいえないだろう。そこで本章では、少数や先住といった細かな定義はひとまずおいておくとして、ウラル山脈以東のロシア連邦内でロシア系住民の移住以前から居住する人々によって話されている諸言語およびアリュート語をシベリア先住民の諸言語としておく。

2 シベリアの諸言語の分類

シベリア先住民の諸言語はいくつあるのか、正確な数を出すのは難しい。おおむね三〇以上四〇以下というのが妥当な数だろう。あることばを「方言」と呼ぶか「言語」と呼ぶかについて言語学上の客観的な基準はなく、歴史的背景、政治的理由、話し手の意思など複合的な要因によって決定されるからである。例えばスラブ諸語のロシア語、ウクライナ語、ベラルーシ語は文法上多くの共通点を持ち、方言と呼べるほど似ているが、それぞれ独立した言語とみるのが一般的である。これに対し標準ドイツ語は、ドイツ、オーストリア、ベルギー、チェコなどヨーロッパ各国で話されているが、一つの言語とみられている。

さて、この三〇あまりのシベリアの言語は、大きく古アジア諸語、アルタイ諸語、ウラル諸語の三つのグループに分けられる。アルタイ諸語はさらにツングース諸語、テュルク諸語、モンゴル諸語の三つに分けられる。言語学では共通の祖語から枝分かれしたことが証明され、親縁関係が明らかな言語群を「語族」と呼ぶこともあるが、「諸語」の使い方は研究者によってさまざまであり、「語族」と対照して親縁関係がない言語についてこの用語を使う場合もあれば、親縁関係が明らかであっても「諸語」を使う場合もある。また、語族の下にさらに「語派」という小分類を使う場合もあるが、使わない場合もあり、これも慣例によるところが大きい。本章では単に複数の言語という意味で、親縁関係がある言語群であっても「諸語」と呼ぶことにする。

ここに挙げた三つの大グループのうち、同じグループに属する言語同士で親縁関係があるとはっきり証明されているのはウラル諸語だけである。アルタイ諸語については注意が必要で、これに属する三つの小グループ内の言語同士の親縁関係は証明されているが、小グループ間の親縁関係は証明されていない。古アジア諸語は、アルタイ諸語にもウラル諸語にも入らない言語ということでひとまとめにされたもので、チュクチ・カムチャツカ諸語、エスキモー・アリュート諸語、そして系統が不明ないくつかの孤立語がここに含まれる。それぞれの言語間で親縁関係はない。ただしアルタイ諸語内の小グループと同様に、チュクチ・カムチャツカ諸語やエスキモー・アリュート諸語の中では親縁関係が証明されている。古アジア諸語はまた古シベリア諸語あるいは旧シベリア諸語とも呼ばれ、アルタイ諸語を話す人々がシベリアに移住する以前からこの地に居住していたことを含意する。

◆話者人口

二〇〇二年のロシア国勢調査によると、ウラル、シベリア、極東の三つの連邦管区をあわせた総人口は四千万人弱、そのうち先住民族の人口は、少数民族には分類されないサハ人やブリヤート人を含めてもおよそ一五〇万人で、シベリア全体の人口のわずか四パーセントである。つまり、シベリアに住む人々の圧倒的多数はロシア語のみを話すロシア系の住民である。三〇あまりのシベリア先住民の諸言語のうち大部分は、子供に継承されていない消滅の危機に瀕する言語で、むしろロシア語のモノリンガルが多数派である。なお、この国勢調査では九二パーセントがロシア語を話せると回答している。

シベリア先住民の諸言語のうち大多数は、二〇世紀初頭まで文字を書く伝統を持たなかったが、一九二〇年代にソ連の政策により、当時、独立した言語として認められていたすべての言語に正書法が制定された。しかし、書きことばとして定着しているのはそのうちわずかであり、多くの民族は書きことばとしてはロシア語を使うのが一般的である。現在でも、ソ連時代に正書法がつくられなかった言語や、最近になって新たに民族としての地位を獲得した人々の言語のために、正書法をつくる努力が続けられている。

◆言語名および地名

本章で挙げた言語名および地名は、おおむねロシア語の名称に従っているが、編集方針により表記を統一した名称もあるほか、日本語訳として定着しているものについてはそちらを採用している。例えば、チュクチ語はチュクチ人を表すロシア語の名詞複数形チュクチ(Chukchi)に基づいているが、チュクチ人を表す男性名詞単数はチュクチャ(Chukcha)である。これに対し、ニヴフ語はロシア語でニヴフ人を表す男性名詞単数形ニヴフ(Nivkh)に基づいている。複数形であるニヴヒ(Nivkhi)が使われていたこともあったが、現在ではニヴフを用いるのが一般的である。

3 古アジア諸語

すでに述べたとおり、古アジア諸語に分類されるのはウラル諸語にもアルタイ諸語にも属さない言語である。各言語の名称とおおよその話者人口および主な居住地を表9-1に示す。括弧内に示したのは英語による表記および各言語の別名である。ロシアの研究者の中にはここにアイヌ語を含めるものもある。なお、いくつかの国にまたがって話されている言語については、ロシア国外にも相当数の話者がいる場合があるが、ここでは「話者人口」はロシア領内の人口のみを示す。なお、本章で示す話者人口はおおむね二〇〇二年のロシア国勢調査の数値によっているが、この数値は実際の話者人口を正確に反映していない場合もあるので、各言語の研究者によって話者人口が概算されている言語についてはそれを示す。

◆エスキモー・アリュート諸語

エスキモー語はグリーンランド、カナダ、アラスカからロシアのチュコトカ半島にかけて話される。このうちグリーンランド、カナダおよびアラスカ北部に居住するグループは「イヌイット」と自称し、エスキモー人とは呼ばないのが慣例である。一方、アラスカおよびロシアに居住するグループの自称は「ユピック」であり、このグループをもイヌイット人と呼ぶのは正しくない。また、「エスキモー」という呼称は「生肉を食べる人」を指すといわれてきたが、近年の研究では「か

表9-1　古アジア諸語

言語名	話者	おもな居住地
エスキモー・アリュート諸語（Eskimo-Aleut）		
エスキモー語（Eskimo）		
シベリア・ユピック語（Siberian Yupik）	236*1	チュクチ自治管区，（アラスカ州）
ナウカン・ユピック語（Naukan Yupik）	60	チュクチ自治管区
シレニキ語（Sireniki）	0	チュクチ自治管区
アリュート語（Aleut）	33	カムチャツカ地方
チュクチ・カムチャツカ諸語（Chukchi-Kamchatkan）		
チュクチ語（Chukchi）	6,418	チュクチ自治管区，マガダン州，サハ共和国
コリヤーク語（Koryak）	2,549*2	旧コリヤーク自治管区，マガダン州，チュクチ自治管区
アリュートル語（Alutor）	100	旧コリヤーク自治管区
ケレック語（Kerek）	0	チュクチ自治管区
イテリメン語（Itel'men, Kamchadal）	20	旧コリヤーク自治管区
ユカギール語（Yukaghir）	250	サハ共和国，マガダン州，チュクチ自治管区
ツンドラ・ユカギール語（Tundra Yukaghir）		
コリマ・ユカギール語（Kolyma Yukaghir）		
エニセイ諸語（Yeniseian）		
ケット語（Ket）	365	クラスノヤルスク地方
ニヴフ語（Nivkh, Gilyak）	100	ハバロフスク地方，サハリン州

＊1　ナウカン・ユピック語の話者を含む．
＊2　アリュートル語の話者を含む．
出所：FSGS［2004］，小野［2009］，永井［2009］をもとに作成．

んじきを編む者」を指すことが明らかになっている［永井 2009: 124］。エスキモー語のうち、シベリア・ユピック語はアラスカ州のセント・ローレンス島およびチュコトカ半島で話されている。アラスカ州における話者数はおよそ一千人で、若い世代もこの言語を習得しているが、ロシア領ではロシア語が優勢となっている。チュコトカ半島のシレニキ村で話されていたシレニキ語は、一九九七年に最後の話者が亡くなり、死語となった。

エスキモー語は雪を表す語が豊富なことで有名だが、数十あるといわれている雪を表す語の大部分は名詞や動詞の語幹に接尾辞をつけて形成された二次的な語であり、日本語の「雪・あられ・みぞれ」のように、それ以上分析することのできない語は三つから五つである［宮岡 1978:4–8］。そして、日本語の「雪」に相当するような、あらゆる状態の雪すべてを指すような語がないこともエスキモー語の特徴である。エスキモー語はまた、一つの語幹にいくつもの接尾辞をつけて、日本語や英語ならば文でしか表せないような内容を、一語で表すことができる。例えば、「アンヤスコンヒャガユヌギーサガーンガ（angya-squ-ngllagh-yu-nghi-sagh-aanga）」＝「彼は私に小さいボートを作ってあげたいと思っていなかったのだけれども」というのは、「アンヤ」＝「ボート」という名詞語幹の後に五つの接尾辞と一つの動詞語尾がついた一語で表される［永井 2009:134］。

アリュート語はアラスカ州に属するアリューシャン列島で話されるが、そのうちアトカ島に居住していた人々は、一九世紀初めにロシア政府によって現カムチャツカ地方のコマンドル諸島のベーリング島およびメドヌイ島に移住させられた。メドヌイ島のアリュート語は固有の動詞語幹を保ちつつ、ロシア語の動詞活用語尾を採り入れるという、言語学的に珍しい特徴を持つ。

◆チュクチ・カムチャツカ諸語

これらはチュコトカ半島からカムチャツカ半島にかけて話される（写真9–1・9–2）。イテリメン語は隣接する地域で話されるコリヤーク語と共通の特徴を多く持つものの、音の体系や文法構造がほかのチュクチ・カムチャツカ諸語とは著しく異なっており、イテリメン語とこれら言語との親縁関係には疑問があがっている。イテリメン人はカムチャダール人と呼ばれることもあったが、この名称については注意が必要である。一七世紀以降にカムチャツカへ移住してきたロシア人がカムチャツカ先住民と混血したグループの子孫もカムチャダール人と呼ばれ、こちらのカムチャダール人が二〇〇〇年にロシア政府から民族として認められたからである。アリュートル語は一九五〇年代以降、言語学上は言語として分類されてきたものの、ロシア政府からはコリヤーク語の方言として扱われていたため、正確な話者人口を把握するのは困難で、本章で挙げた数は研究者による概算である。ケレック語は一九九〇年代に話者三名と報告されており、二〇〇〇年代初め頃までに最後の話者が亡くなったとみられている。アリュートル語の最も若い話し手は五十代であるが、この地域の男性の平均寿命が四〇歳前後であることを考えると、この言語はきわめて危機的な状況にあるといえる。

チュクチ・カムチャツカ諸語に特徴的な文法現象としては能格構造がある（ただしイテリメン語は除く）。日本語や英語のような主格・対格型の言語では自動詞と他動詞の主語が同一の格で、他動詞

写真9-1　カムチャツカでは
セイウチの牙やトナカイの角を使った
工芸品を作る．
エゴール・チェチュリン氏は
ロシア各地の展覧会に出品している
（カムチャツカ地方）．

写真9-2　自作の民族衣装で
正装したマリヤ・チェチュリナさん．
カムチャツカ先住民族として
初めてソ連芸術家連盟会員となった
（カムチャツカ地方）．

の目的語が別の格で表される。

・自動詞文　「花子**が**笑った」
・他動詞文　「花子**が**雪子を見た」

これに対し、絶対格・能格型の言語では自動詞の主語と他動詞の目的語が同一の格で、他動詞の主語が別の格で表される。

・自動詞文　「アンニャック　イーウィ(anʲnʲakku iv-i)」＝「アンニャックが　言った」
・自動詞文　「カワウ　イーウィ(kavav iv-i)」＝「カワウが　言った」
・他動詞文　「カワウ－**ナク**　ラウーニン　アンニャック(kavav-nak ləʕunin anʲnʲakku)」＝「カワウ**が**　見た　アンニャックを」

右の例で、自動詞文の主語と他動詞文の目的語であるアンニャック(女性の名)および自動詞文の主語であるカワウ(男性の名)はいずれも接尾辞が何もつかない形で表されているのに対し、他動詞文の主語であるカワウだけが「－ナク」という接尾辞で表されている。この構造をまとめると、表9－2のようになる。

能格構造を持つ言語の数は多くはないが、チュクチ・カムチャツカ諸語のほかにもエスキモー語、アイヌ語、カフカス諸語、オーストラリア原住民諸語、ヨーロッパのバスク語など、言語の系統や地域にかかわらず全世界にみられる。

表9-2　主格・対格型言語と絶対格・能格型言語の格標示

	英語	例	日本語	例	アリュートル語	例
自動詞主語	主格	she	主格	花子が	絶対格	kavav
他動詞主語	主格	she	主格	花子が	能格	kavav-nak
他動詞目的語	対格	her	対格	花子を	絶対格	kavav

◆ユカギール語

現存するユカギール語には、大きく分けてコリマ・ユカギール語とツンドラ・ユカギール語がある。前者の話者はコリマ川上流域、後者はコリマ川下流域からアラゼヤ川流域にかけて居住する。音声や語彙の面で両者の違いは大きく、方言というよりは二つの異なる言語であるとされている。流暢な話し手は七十代以上で、きわめて危機的な状況にある。ユカギール語はかつてはレナ川流域からチュコトカ半島までの広い範囲に分布していたとみられているが、サハ語、エヴェン語、ロシア語など周辺の優勢な言語の影響により分布域は大きく縮小した。オモック語、チュワン語などいくつもの同系の言語があったが、いずれも二〇世紀初頭までに消滅した。

ユカギール語では自動詞の主語、他動詞の目的語、動詞に焦点がおかれた場合、特定の接辞によってそれを表す。ツンドラ・ユカギール語では「シカが何をしたのか」という質問に対する答えの文では、動詞語幹に焦点を表す「メ－」という接頭辞が現れるが、「何が逃げたのか」という質問に対する答えの文では、名詞語幹に焦点を表す「－レン」という接尾辞が現れる。

・「イレン　**メ**－コテゲイ（ileŋ me-kötege-j）」＝「シカが　**逃げた**（焦点）」
・「イレ－**レン**　コテゲル（ile-leŋ kötege-l）＝「**シカが**（焦点）　逃げた」
［Comrie 1981：260］

◆ニヴフ語

ニヴフ語はハバロフスク地方のアムール川河口地域とサハリン北部で話され、アムール方言とサハリン方言の二つの主要な方言に分けられる。二つの方言の差は大きく、互いに意志疎通が不可能であるといわれている。いずれの方言も流暢な話し手は六十代以上で、ユカギール語と同様に危機的な状況にある。

ニヴフの名称はアムール方言で「人間」を表す語に由来する。江戸時代の日本語の文献では「ニクブン」の名で記録されているが、これはサハリン方言で「人間」を表す語に基づく。ニヴフはアイヌ語で「西方の人」を表すスメレンクルの名称でも知られており、間宮林蔵がその名称を記録している［服部 1988：1408］。

ニヴフ語の子音は有声音（ブ、ドゥ、グ）と無声音（プ、トゥ、ク）のほかに、有気音と無気音を区別する。有気音とはプ、トゥ、クなどの音を息を強く吐きながら発音する時の音で、中国語、朝鮮語、ヒンディー語などにも同様の区別がある。またニヴフ語には、二つの語が続く時や、いくつかの要素を組み合わせて一語を作る時に、後続する要素の先頭にある子音が別の子音に交替するという現象がある。これは頭子音交替と呼ばれ、一定の条件のもとで規則的に起こる。

・「ボコン(bokon, 人名)」＋「タフ(taf, 家)」→「ボコン　ラフ(bokon raf)」＝「ボコンの家」
・「ヴァット(vat, 鉄)」＋「ディフ(dif, 道)」→「ヴァット　ズィフ(vat zif, 鉄道)」

［丹菊 2009:40］

◆ケット語

ケット語は一九世紀中頃までに死語となったいくつかの言語とともにエニセイ諸語に属し、同諸語の中で現存する唯一の言語である。エニセイ川およびその支流の周辺で話されている。エニセイ・オスチャーク語とも呼ばれるが、ウラル諸語のオスチャーク語(＝ハンティ語)とは系統が異なる。系統関係のある言語を持たない孤立的な言語とみられていたが、近年、アラスカ大学の研究者によって北米インディアン諸語のナデネ諸語との親縁関係が指摘され、エニセイ・ナデネ語族が提唱されている。これは、言語学史上初めてユーラシアと北米大陸の結びつきを証明するものであり、インド・ヨーロッパ語族以来の大発見として研究者の注目を集めている。

4 アルタイ諸語

アルタイ諸語は、ツングース諸語、テュルク諸語、モンゴル諸語の三つのグループからなる。

Rで始まる語が少ない、動詞が末尾に来るなど、いくつかの特徴が共通していることから、アルタイ諸語が同一の祖語から分岐した同系の言語であることを証明しようとする試みがなされてきたが、いずれも決定的なものではない。テュルク諸語とモンゴル諸語、あるいはモンゴル諸語とツングース諸語に共通の語彙は数百あるのに対し、テュルク諸語とツングース諸語に共通の語彙はわずかしかないほか、これら三つの諸語だけに共通し、ほかの言語にはない特徴もみられない。したがって、現在ではアルタイ諸語における文法や語彙の類似は長年の接触による結果とみるのが一般的である。

◆ツングース諸語

ツングース諸語は中国東北部からシベリアにかけての地域で話される。音と文法上の特徴をもとに大きく四つのグループに分けられ、シベリアではそのうち第Ⅰ群の一部と第Ⅱおよび第Ⅲ群の言語が話される。狭義のツングース語はエヴェンキ語を指すか、またはエヴェンキ語にエヴェン語・ソロン語・ネギダール語をあわせたもの(=第Ⅰ群)を指す。第Ⅳ群は中国東北部で話されていた女真語および満洲語である。女真語は金国を建てた女真族の言語で、明代まで話されていたが現在では死語となっている。女真語の碑文や文献は、ツングース諸語の中でも最古の文字資料である。満洲語は一七世紀に清朝を建てた満洲族の言語で、中国語からの翻訳本や仏教の経典が数多く出版された。満洲語は現在では、一八世紀に新疆《しんきょう》に移住したシベ族によって話されているが、かつての分布地域ではほとんど使われていない。なお、シベ族の言語はシベ語と呼ばれて満

表9-3　シベリアのツングース諸語

言語名	話者	おもな居住地
第Ⅰ群		
エヴェン語（Even, Lamut）	6,080	サハ共和国，マガダン州，ハバロフスク地方，カムチャツカ地方など
エヴェンキ語（Evenki）	6,780	サハ共和国，旧エヴェンキ自治管区など，（モンゴル，中国）
ネギダール語（Negidal）	35	ハバロフスク地方
第Ⅱ群		
ウデヘ語（Udehe, Udihe）	140	沿海地方，ハバロフスク地方
オロチ語（Orochi）	18	ハバロフスク地方
第Ⅲ群		
ナーナイ語（Nanai, Goldi）	3,068	ハバロフスク地方，沿海地方，サハリン州，（中国）
ウリチ語（Olcha, Ulcha, Ul'chi）	363	ハバロフスク地方
ウイルタ語（Uilta, Orok）	11	サハリン州

出所：池上［1989a, 1989b］，FSGS［2004］をもとに作成．

洲語とは区別されているが、満洲語の方言とみなしてよい。

ツングース諸語の話し手は、シベリア先住民の中でもとくに日本との関係が深い。例えば、江戸時代末期にアムール下流域からサハリンへ交易に来ていたサンタン人は、一部にニヴフ人を含むが主としてウリチ人であったとされる。また松浦竹四郎は一八五〇年代に採集したとみられるウイルタ語の語彙を記録に残している［池上 1989a: 1068］。

三群を除くツングース諸語には一人称の複数形に包括形と除外形の区別がある。包括形で「私たち」と言った場合は聞き手も含まれるが、除外形を使った場合は聞き手を含まない。また、ツングース諸語には所有物が譲渡できることを示す接尾辞がある。例えばウイルタ語では、「私の肉」と言う時に、譲渡可能接尾辞がつかない形式は譲渡できないもの、つまり話し手の身体部位としての肉を表すが、譲渡可能接尾辞「-ング」がついた形式は話し手が所有している食物としての獣肉などを表す。
・譲渡不可能　「ウリセービ（ulise-bi）」＝「私の肉（話し手自身の体の肉）」
・譲渡可能　「ウリセーングービ（ulise-ŋu-bi）」＝「私の肉（話し手の所有する獣などの肉）」
［Tsumagari 2009:6］

この譲渡不可能を表す接尾辞は、「ンゴ」であったり「ンギ」であったりと形は違うものの、ほかのツングース諸語にも共通している。

◆テュルク諸語

テュルク諸語の諸言語は、中央アジアを中心に、中国、シベリア、アナトリアにかけての広い地域で話されている。言語の特徴により大きく六つのグループに分けられる。そのうちシベリアで話されているのはキプチャク語群の一部、トゥバ・ハカス語群の一部およびサハ＝ヤクート語群である。テュルク諸語のうち最大は六千万人以上の話者人口を持つトルコ語で、ウズベク語（話者人口五千万人）、アゼルバイジャン語（一千万人）、カザフ語（七五〇万人）などが後に続く。話者人口が最も少ないのはシベリアのイルクーツク州で話されるカラガス語である。シベリアに分布するテュルク系諸言語は表9-4のとおりである。表で示した話者人口はロシア領内のものだけで、括弧内に示したロシア国外の地域の話者人口は含まない。

表9-4　シベリアのテュルク諸語

言語名	話者	おもな居住地
キプチャク語群（Kypchak）		
アルタイ語（Altai）	65,534	アルタイ共和国，アルタイ地方，（中国）
シベリア・タタール語（Siberian Tatar）	—	スヴェルドロフスク州，チェリャビンスク州
トゥバ・ハカス語群（Tuva-Khakas）		
トゥバ語（Tuva, Soyot）	242,754	トゥバ共和国，（中国，モンゴル）
カラガス語（Karagas, Tofa, Tofalar）	378	イルクーツク州
ハカス語（Khakas）	52,217	ハカシヤ共和国，トゥバ共和国，（中国）
ショル語（Shor）	6,210	ハカシヤ共和国，アルタイ共和国，ケメロヴォ州
チュリム・テュルク語（Chulym Turkic）	270	トムスク州，クラスノヤルスク地方
ヤクート語群（Yakut）		
サハ語（Sakha, Yakut）	456,288	サハ共和国
ドルガン語（Dolgan）	4,865	旧タイミル自治管区，サハ共和国

＊シベリア・タタールはタタール語の一方言で，タタール語全体の話者人口はおよそ650万人．
出所：FSGS［2004］，林［2000］，藤代［2008］をもとに作成．

シベリアのテュルク系諸言語の中で最大の話者人口を持つサハ語は、ドルガン語とともにテュルク諸語の中でも最北のヤクート語群に属する。サハ人が北方への移動を開始したのは一三世紀頃とみられている。話者の割合は民族人口の八割以上にのぼり、子供にもよく継承されている。また周辺民族にもサハ語の話し手がいるため、民族人口よりも話者人口のほうが多い。キリル文字をもとにしたサハ語正書法による出版活動もさかんである。サハ語による教育も行われており、ロシア語を教育言語としたロシア学校と、サハ語を教育言語としたサハ学校のどちらかを選ぶことができる。

ドルガン語はツングース系のエヴェンキ語、サモエード系のガナサン語、インド・ヨーロッパ系のロシア語など、いくつもの系統の異なる言語が互いに影響をおよぼしあいながら、テュルク系のサハ語を基層として形成された。その形成の時期は一八世紀から一九世紀頃とみられており、比較的新しい言語であるといえる［藤代2008：75–76］。

サハ語をはじめとするテュルク系諸言語、さらにはアルタイ諸言語の大部分に共通する特徴として母音調和と呼ばれる現象がある。母音調和とは、すべての母音がいくつかのグループに分けられ、一つの語の中には同じグループに属する母音しか現れないというものである。同様の現象は世界各地の言語にみられ、シベリアではモンゴル諸語、ツングース諸語、ウラル諸語の一部、チュクチ・カムチャツカ諸語の一部にみられる。サハ語の母音は発音する時の舌の位置によって二つに分けられ、一つの語の中で二種類の母音が現れることはない。母音調和は活用形をつくる時にも適応され、三人称単数現在を表す接尾辞は、「ビル（bil, 知っている）」という語幹につく時には「－エル（-er）」として、「オロル（olor, 住む、座る）」という語幹につく時には「－オル（-or）」として現れ、それぞれの形式は「ビレル（bil-er,〔彼は〕知っている）」、「オロロル（olor-or,〔彼は〕住んでいる、座っている）」となる［江畑 2006：11］。

◆**モンゴル諸語**

モンゴル諸語の話し手はモンゴル高原を中心に中国からシベリアに広く分布し、総人口は五〇〇万人から六〇〇万人とみられている。主な居住地はモンゴル人民共和国、中国の内蒙古自治区、シベリアのブリヤーチヤ共和国、カフカス地方のカルムイキヤ共和国およびアフガニスタン北部である。モンゴル諸語は大きく五つのグループに分けられ［栗林 1992b：518–519］、このうちシベリアで話されているのは北方群に属するブリヤート語およびかつてブリヤート語の方言とされていたハムニガン・モンゴル語で、これらはモンゴル諸語の中でも最北部に位置する。ロシア領内ではほかに西方群のカルムイク語が話されている。

ブリヤート語の話し手はロシア領内ではおよそ三七万人で、ブリヤーチヤ共和国、ザバイカル地方の旧アガ・ブリヤート自治管区、イルクーツク州の旧ウスチオルダ・ブリヤート自治管区に居住する。このほかに、モンゴル人民共和国と中国の内蒙古自治区にそれぞれおよそ六万五千人のブリヤート語話者がいると推定されているが［Lewis 2009］、統計上はモンゴル語の話者として数えられているため、正確な人数は明らかではない。ブリヤート人はもともと縦書き文字によるモンゴル文語を用いた書き言葉の伝統を持つが、現在はロシア、モンゴル、中国それぞれの国で書き言葉の使用状況は異なる。書き言葉としてブリヤート語を用いるのはロシア領内のブリヤート人のみで、キリル文字による出版活動が現在もさかんに行われている。これに対し、モンゴルおよび中国では書き言葉としてブリヤート語が用いられることはなく、それぞれキリル文字をもとにしたモンゴル語および縦書き文字によるモンゴル文語を用いる。ブリヤート語の音韻や文法は、モンゴル人民共和国の公用語の基礎となったハルハ・モンゴル語やカルムイク語に比較的近いとされているが、ブリヤート語独自の特徴も持つ［栗林 1992a:815］。

ハムニガン・モンゴル語は、ロシアの旧アガ・ブリヤート自治管区、モンゴル、および中国の内蒙古自治区で、ツングース系のハムニガンと呼ばれる人々によって話されている言語である。ロシアの史料では、「馬のツングース」あるいは「ステップ・ツングース」として言及されている［Janhunen 2003:83］。ハムニガン・モンゴル語はかつてブリヤート語の方言とされていたこともあったが、ブリヤート語とは別の言語であるとみるのが一般的である。「ハムニガン」という名称はモンゴル語でツングース系のエヴェンキ人を表す語で、ロシア政府も中国政府もハムニガンの人々をエヴェンキ人として分類している。ブリヤート語の方言とみられていたため、民族人口、話者人口ともに不明だが、およそ二千人ほどの民族規模と推定されている[Janhunen 2003:84]。ハムニガンの人々はモンゴル系のハムニガン・モンゴル語とツングース系のエヴェンキ語の二言語を話すが、中国語やモンゴル語など近隣の優勢な言語への移行が進んでおり、ハムニガン・モンゴル語の話し手の数は急速に減少している。

5 ウラル諸語

ウラル諸語は、東はウラル山脈の東側より、西はスカンジナビア半島からバルト海まで広がる地域で話される。ウラル諸語はまずフィン・ウゴル諸語およびサモエード諸語の二つに大別される。フィン・ウゴル諸語はさらにペルム諸語、バルト・フィン諸語、ボルガ・フィン諸語などに分かれており、最大の言語は一四〇〇万人以上の話者人口を持つハンガリー語である。続いてフィンランド語(話者人口五〇〇万人)、エストニア語(同一〇〇万人)、モルドビン語(同六〇万人)などがある。ロシアからフィンランド、スウェーデン、ノルウェーにかけての広い地域で話されているサーミ語(同三万人)もウラル諸語に属する。フィン・ウゴル諸語のうち、シベリアに分布しているのはハンティ語およびマンシ語の二つである。サモエード諸語に属するのは、エネツ語、ネネツ語、ガ

表9-5 シベリアのウラル諸語

言語名	話者	おもな居住地
フィン・ウゴル諸語（Finno-Ugric）		
ハンティ語（Khanty, Ostyak）	13,000	ハンティ・マンシ自治管区
マンシ語（Mansi, Vogul）	2,500	チュメニ州，ハンティ・マンシ自治管区
サモエード諸語（Samoyedic）		
エネツ語（Enets, Yenisey Samoyed）	50	旧タイミル自治管区
ネネツ語（Nenets, Yurak Samoyed）	26,500	ヤマル・ネネツ自治管区，ネネツ自治管区
ガナサン語（Nganasan, Tavgi Samoyed）	500	旧タイミル自治管区
セリクープ語（Sel'kup, Ostyak Samoyed）	1,100	ヤマル・ネネツ自治管区，トムスク州

出所：Salminen［2009］，FSGS［2004］をもとに作成．

ナサン語およびセリクープ語である。ウラル諸語のうち、シベリアで話されている言語をまとめたものが表9-5である。サモエード諸語にはさらにカマス語およびマトル語という言語があったが、マトル語は一九世紀前半に死語となった。カマス語は二〇世紀初頭まで数家族によって保たれていたが、二〇世紀後半に最後の話し手が亡くなったとみられている［松村 2003］。

ウラル諸語の言語には名詞の格を多く持つものがある。ハンガリー語にはおよそ二〇の格が、フィンランド語とエストニア語には一四の格がある。本章で取り上げたシベリアのウラル系諸言語の中では、セリクープ語に主格（～が）、属格（～の）、対格（～を）、与・奪格（～に、～から）、場所格（～において）、出格（～の中から）、入格（～の中へ）、変格（～に（なる））、沿格（～に沿って）、具格（～によって）、欠格（～なしで）、共同格（～とともに）、呼格（～よ）の一三の格がある［Khelimskii 1993:362］。また、ウラル諸語の言語は所有を表す接尾辞が豊富である。例えば、英語ならば「my book」＝「私の本」のように所有物の前に所有代名詞を置いた二語で表すが、ウラル諸語では「book-my」＝「本－私の」のように所有物を表す名詞の後に所有者を表す接尾辞をつけた一語で表す。さらに、マンシ語では所有者が一人称か二人称か三人称か、また一人か二人か三人以上か、所有物が一つか二つか三つ以上かによって、およそ三〇種類のさまざまな所有接尾辞が使い分けられる[Rombandeeva 1993:290–291]。例えば、日本語では「私たちの本」というように一冊の本も三冊の本も同じ形で表すところを、マンシ語では「私たち」が二人なのか三人なのか、「本」は一冊なのか二冊なのか三冊なのかを厳密に区別するのである。

6 おわりに

本章で取り上げた言語のうち、全人口の八割以上の話者を持つサハ語やブリヤート語を除けば、大多数の言語は消滅の危機に瀕しており、一〇〇年後まで話者が残る可能性はきわめて少ないといわざるをえない。しかしながら、民族に固有の言語を祖先からの遺産として保存しようとする活動は近年とくにさかんであり、ロシアや日本の研究者はもとより、それぞれの言語の話し手自身やあるいはその子や孫の世代がさまざまな形式での言語資料保存に努めている。(1)

註

(1) 本章執筆にあたり、江畑冬生氏(テュルク諸語)、丹菊逸治氏(ニヴフ語)、津曲敏郎氏(ツングース諸語)、永井佳代氏(エスキモー語)、長崎郁氏(ユカギール語)、山越康裕氏(モンゴル諸語)から助言をいただいた。記して感謝の意を表したい。

第10章

シャマニズムをめぐる神話と世界観

◈山田仁史

1 はじめに

広大なシベリアは多様性の世界である。流氷の寄せる海岸から凍土ツンドラを経て森林さらにステップへと続く自然環境、狩猟・漁撈・牧畜が入り交じった伝統的生業、そして古アジア諸語・ウラル諸語・アルタイ諸語と大きく分けられる言語グループ。こうしたさまざまな違いを持ちながらも、シベリアに住む人々の間には互いに共通する神話もあれば、宗教・文化複合の核としてのシャマニズムも広範囲に行われてきた。

今日でこそシャマンやシャマニズムに類する現象は全世界にみられるといわれるようになったが、少なくとも第二次大戦前までは、シベリアこそがシャマニズムの本場であるというのが研究者たちの共通認識だったのである。本章では、こうしたシャマンをめぐる儀礼と宗教的世界観を出発点として、この地に語り伝えられてきた神話をいくつかみていくことにしよう。

2 ナーナイ人のシャマン

まず一例として、ナーナイ人のシャマニズムを取り上げたい。ナーナイ人はアムール川下流域、ウスリー川、松花江《しょうかこう》周辺に住むアルタイ諸語ツングース系の人々である。一九三〇年の春から夏にかけて民族学者の凌純聲《りょうじゅんせい》が調査した記録[凌 1934]に、松花江下流域のナーナイ(中国語では赫哲《ホジエン》)人における、当時の様子がくわしく書かれている(写真10-1)。

それによると、彼らのシャマンは病気治しに従事していた。ナーナイ人のもとでは、何らかの理由で神霊の怒りを買ったり、体内の霊魂が連れ去られ身体から離れてしまったりすると、病気になると信じられていた。そうした場合、シャマンに治病を依頼したのである。

病人の家族は酒を持ってシャマンのもとに行き、それを勧めて来てもらう。シャマンの儀礼には決まった時間はないが、普通は日没後に行われた。シャマンが着くと、屋内西側のオンドル上にあるエミ(補助神像)に酒食を供え、太鼓がよく響くようにその皮を薪の火でよくあぶる。皮はノロジカの皮またはチョウザメの皮でできていた。魚皮で太鼓を張ったというのは大変珍しく、河川での漁撈に従事してきたナーナイ人ならではの特徴である[張 2008:223]。太鼓の形は、他のシベリア諸民族と同様、楕円形をしている。

それからシャマンは特別な衣装を着て、左手に太鼓を、右手に撥《ばち》を持ち、半眼の状態で腰をかがめる。病人は一人の人に背後から肩を支えられながらオンドル上に座す。シャマンは太鼓を三度打ち、「シャマン某が某の家に来て、病気を診ようとしている」とぶつぶつ唱える。

その後、三つのステップを経て病因探しが行われた。第一に、シャマンは自分の有する神々の名を一つひとつ挙げ、太鼓を打ちつつ、病人が何か罪を犯さなかったか尋ねる。もし病人に心当たりがあれば、自然にその肩が震えるという。このステップで病気の原因がわからなければ、第二段階に移る。すなわち病人の家廟の神々（老爺神・吉星神・竜王神・娘娘神・九聖神・樹神）に対し、同様の質問を順々に聞いていくのである。

これでも肩の震えが起こらなければ、第三ステップとなる。病者は南山か北山の鬼怪、または冤罪で首つりした者の霊魂を害したのではないか。それともキツネやイタチの化物が、患者の霊魂を招き去ったのではないか。もし病魔が何かわかったら、シャマンは法術でその霊魂を捕まえる。続けざまに太鼓を打ちながら、自らの神々に対し病者の霊魂を連れ帰るよう祈るのである。

病人の震えがだんだん激しくなると、これは霊魂が戻ってきた徴候である。この時、

写真10−1　ナーナイ（赫哲）人のシャマン．
出所：凌［1934］

シャマンは太鼓を捨てて刀をとり、病人の面前でこの刀を左右に振り動かす。そして病人の懐中を軽く突くようにする。もしも病者がぼうっとなって後ろに倒れれば、これは霊魂がうまく捕らえられて身体に戻ったということであり、病気は治る。もし倒れない場合はまだ捕まっていないので、倒れるまで何度か繰り返す。

最後にシャマンはまた太鼓を打ち、病人の早期回復を助けてくれるように、また助力に感謝すると神々に告げ、儀礼集会《セアンス》を終えたのであった［淩 1934：117–119］。

ここに描かれているシャマンの儀礼は、中国の神々や巫術をかなり取り込んでおり、またトランス（忘我状態）に入る様子も明白には見られない。しかし、患者の失われた霊魂を体内へ取り戻すことで病気を治すという観念は、シベリアを含む世界各地の治病観念と共通するものである。

3 シャマンの召命とトランス

同じ報告には、ナーナイ人のシャマンがいかにして選ばれたか、そのプロセスも記されている。そもそもシャマンになるには多くの技術をマスターする必要があり、これら技術の伝授を、中国語では「領神《かみをさずかる》」と呼ぶ。ナーナイ人のシャマンは世襲ではなく、まったく神の意志に依っていた。だいたい一五、六歳から二四、五歳の間に精神病にかかり長いこと治らないと、シャマンに頼んだが、それでも効果が現れない場合、「領神」を条件に治癒してもらった。

病人は意識朦朧とした状態でオンドル上に座し、シャマンがそれに正対して呪言を唱える。それから太鼓を三度打ち、今度はシャマンの持つ神々の名を挙げてゆく。「雲霧に乗る老爺神・娘娘神、雲城・霧城の上にとどまれ。三つの山峰の中峰の坂下にいる愛敦神・鹿神。銀河の中の大石城内にある神棒下に伏している虎神。オロチョン人のもとにある柞樹《ぶな》神と石頭朱林神。北海島上の石の家に伏す一対の虎神。南海の三つの山峰の坂下の神、ウスリー川南岸の水の渦巻く所にいる鰉《ちょうざめ》魚神、七星岩の坂下の九門前の娘娘神」。もしもシャマンの告げた神名が病人のさずかるべき神ならば、その時に病人の双肩は絶え間なく微動するという。

微動が起こったら諸神が降臨しようという印なので、室内に香草スンキロを焚く。「領神」しようとする病人は全身が震え始め、オンドルの縁に移動すると両足も垂れ下がり、両手は何かを抱える姿勢で開いたままになり、オンドル上のエミ（神像）に跳びかかって突く。そしてその瞬間、「昏倒状態」に入る。傍らの者が助け起こしてシャマンの腰鈴・神裙《スカート》を着けてやり、太鼓と撥を与えると、病人は自ら太鼓を打って踊りだす。そのさまは発狂したようであり、二人の者が支えてやらねばならない。踊りはますます激しく、太鼓はますます大きくなり、支え手が彼をオンドル上で休ませると、ややあって意識回復する。もうエミはその身を去ったということである［淩1934:114–116］。

ここにみられるように、シベリアの多くの地では、シャマンとは、なりたくてなるものではなかった。召命病と呼ばれる苦しい試練を受け、その病を癒してもらうのと引き換えに、シャマンの技術と能力を半ば強制的に引き受けざるをえないケースが多かったのである。そしてそのイニシエーションにおいては、候補者は右の例のようにトランスに入る場合が少なくなかった。トランスには一般に脱魂《エクスタシー》と憑依《ポゼッション》の二種類が区別されるが、今みた例は後者である。

4 シャマニズムと「動物層」

ところで、シャマニズムにはいろいろな動物がよく出てくる。ナーナイ人のシャマンにおける補助霊は中国風のものが多かったが、それでもシカやトラ、チョウザメなどが登場していたのはおもしろい。シベリアの他の民族においても、動物が補助霊であるとか、最初のシャマンが鳥獣であったと語られている場合もあるし、あるいはシャマンが動物を真似た踊りをする所、シャマンの衣装に動物の装飾が付いている所も多い。

エニセイ川中流域に居住し、言語系統不明とされるケット(旧称エニセイ・オスチャーク)人は、狩猟と漁撈また所によりトナカイ飼育を行ってきた人々だが、そのシャマニズムにもこうした特色が見て取れる。

例えばアヌーチンの報告によると、ケット人の最初のシャマンは双頭の鷲だったといわれ、別の言い伝えでは同様の鷲が人間にシャマン儀礼の仕方を教えたという[Schmidt 1954:516]。シャマン儀礼では鷲が重要な役割を占め、シャマンの衣装にはかならず鷲が含まれていたばかりか、ここでは鷲を殺すことは罪とされ、偶然見つけた鷲の羽はテント内の見える場所に固定することになっていた。

またフィントアイゼン(訳書ではフィンダイゼン)の調査によれば、ケット人のシャマンはいつも、母トナカイと一歳の子トナカイという、二頭のトナカイ霊をともなっていた[Schmidt 1954:542]。大きな母トナカイはシャマン服に象徴的に表され、シャマンが天に昇る際には、それに先んじて昇った。子トナカイの方は太鼓に表されていた。儀礼中に太鼓が壊れることがあると、トナカイはただちに地下界へ行ってしまう。この場合、太鼓に戻さないと、シャマン自身が危険にさらされたといわれている。

このように、シベリアを中心としたシャマニズムの根底には、「動物層」ともいうべき、人間と獣類との関係が親密であった時代層の狩猟民的観念が存在したと考えられている[フィンダイゼン 1957＝1977:8–22]。狩猟・漁撈民の世界観においては一般に、人間と動物との距離が非常に近く、両者は婚姻や変身が可能であると考えられたり、動物たちにも人間社会と同じようなリーダー（動物の主）がいると想像されたりしてきたのである。

そうした「動物の主」に属するものとして、ケット人では狩猟の対象としての大型鳥類（白鳥、鷲鳥、鴨）が一定の役割を果たしてきた。ケット人の信じるところでは、これら鳥類にはトマム（Tomam）という女神（主）がいて、彼らの天神エス（Es）と下界の女神ホサダム（Hosadam）に次ぐ位置を占めている。トマムははるか南の「石の家」に住んでおり、毎年春になるとエニセイ川へ飛んでくる。そして岩の上にとまって両袖を振ると、そこから綿羽が落ち、鷲鳥や白鳥や鴨に変ずるのだという。秋になると鳥たちはふたたび南へ戻り、またトマムの両袖の綿羽になるのである。このトマムはまさにケット人に鳥類を与えてくれる「鳥たちの主」と呼べるだろう[Paulson 1961:102]。同様の「動物の主」はシベリアに広く知られている。

5　複数の霊魂、多層の宇宙

シャマニズムと密接にかかわるのは、霊魂観と宇宙観である。人には複数の霊魂があるという観念は、シベリアのみならず北米・北欧にかけて広くみられるものだ。

アルタイ諸語モンゴル系のブリヤート人の場合、アミン(amin)とスュネスュン(sünesün または ヒュネヘン hünehen)という二つの霊魂を区別している。前者は人間にも動物にもあって、これが呼吸と結びついて体内に存在しているうちは生き長らえることができる、いわば「生命魂」である。他方のスュネスュンは人間にしかなく、当人とよく似た小人の姿をしているという。そしてこれは時々身体から出ていくことがある。例えば眠っている間には身体から出て、夢の中で「長旅」をする、一種の「自由魂」である。

ところが、このスュネスュンがなくなってしまうと、その本来の持ち主は病気になる。邪霊やその主である地下界の支配者エルリクに捕まってしまった場合には、当事者はシャマンに助けを求めねばならなくなる。そしてシャマンは、本人の自力ではもう霊魂を連れ戻しようがないことを知ると、自ら脱魂によって病者の霊魂の所まで出かけて行くのである。

また子供の霊魂はとくに出ていきやすく、ちょっと転んだり驚いたりしただけでもすぐになくなる、と考えられている。だから子供が犬の吠え声に驚いたような場合、親はすぐに子供の帽子を取り、逃げた霊魂にバターを塗ったパンを示して、どうぞ戻ってくださいと頼んだのである。

ここには、霊魂が頭から出入りするということや、美味しいもので誘惑できるという考えが現れている。

身体から抜け出た霊魂は、蜂の姿を取ることもあったという。霊魂の持ち主はこの蜂が財宝を見つける夢を見、実際にその場所に宝物を発見して裕福になった、という日本の「夢買長者」型の民話も広く伝わっている［ハルヴァ 1938＝1971：240–241］。蜂のほか、ブリヤート人の「自由魂」はさまざまな動物に姿を変えて逃げることができたとされる。例えば「ずる賢い霊魂」は、羊の群れに変身できたというが、これなどは彼らの遊牧生活にとって親しい観念であったに違いない［Paulson 1958：129–140］。

宇宙は三層ないし七層または九層といった多くの層から成る、という観念も広い分布を示す。シベリア東端でトナカイの飼育や海獣漁を営んできたチュクチ人（古アジア諸語）によれば、宇宙は何層かに重なった状態であり、上層の大地が下層の天を成しているという。層の数は五層とも七層とも九層ともいわれ、地上と地下に上下対称に存在している。

これらの層は、北極星の下に位置する複数の孔《あな》によってつながっており、シャマンや精霊たちが層と層の間を行き来する時は、これらの孔を滑るように行くのである。伝承の主人公の中には、鷲やサンダーバードに乗って移動する者もいる。上界に達するための別のやり方は、日の出の方角へ行き、天へと続く長くて急な小径を昇ることである。ある物語の主人公は、上界へ昇るために針と糸を用いた。彼はまずダーツのように針を投げ上げた。針は天に刺さって落ちて来なくなった。次に彼は糸を縄梯子《なわばしご》がわりに使って昇っていったという。これは環太平洋に広く伝わる「矢の梯子」モチーフの変形と言ってよい。チュクチ人にはほかに、虹や太陽光線を伝って昇天するという観念もあったし、死者は火葬の薪の煙とともに昇天すると考えられていた[Bogoras 1904–09:330–331]。

このようにシベリア各地において、シャマンとは霊魂の専門家であり、宇宙の多層の間を自由に行き来できる能力を持つと考えられてきた。

6 シャマニズムと物語

かつて研究者の間では、トランス状態というのは高緯度地方の特異な環境を背景に引き起こされる「北極圏《アークティック》ヒステリー」の一症状であり、シャマンというのは精神病患者なのだ、という見方が強かった[Czaplicka 1914:307–325; Ohlmarks 1939]。しかしその後、この見解は大きく修正されている。エリアーデが述べるように、一般にシベリアと北アジアのシャマンは精神分裂の徴候を何ら示すことがないどころか、その記憶力・自己制御力は明らかに一般の水準を超えるものがある[エリアーデ 1968＝2004]。サモエード人、オスチャーク人その他の民族においては、シャマンは通常健康で、知的にもしばしば周囲の者を超えていた。ブリヤート人の間では、シャマンは豊かな口誦英雄文学の主要な保持者であった。サハ人のシャマンは一万二千語の詩的語彙を有していたが、通常の語、つまりこの共同体の残りの成員が知っている言葉は、わずか四千語にすぎなかった。そしてカザフ・キルギス人のバクサ(シャマン)は、「歌い手であり、詩人であり、音楽家であり、占い師であり、司祭であり、医師でもあるが、宗教および民間伝承の保持者でもあり、何世紀も前の伝説の保存者でもあるように思われる」〔エリアーデ 1968＝2004：上73–74〕。

ニヴフ人でも、即興詩ナストゥンドの語り手たちの多くはシャマンないしその後継者であったという。シュテルンベルクの報告では、「即興詩ナストゥンドはトランス状態にある時に作られる。突然、歌い手の顔が蒼白になり、目がすわり、全身が硬直したかと思うと、人間業とは思えぬ勢いで詩が胸をついてほとばしり出る。ある時は飢えた獣の吠え声のように陰々たる恐ろしい響きであり、ある時は死者を焼く火に向かってうたわれる泣き唄のように暗く痛々しい響きであり、またある時は一弦琴の音色のようにやさしく静かな響きである」〔斎藤 1993：44–45〕。

写真10–2　エヴェンキ人のお守り．猟や家庭生活に幸運をもたらすお守りのほか，悪霊除け，邪視除けなど（サハ共和国アルダン郡，ウゴヤン村の博物館）．撮影：藤原潤子

おもしろいことに、ツングース系の民族では、神話、動物昔話、英雄叙事詩を含むジャンルをニムナカン（エヴェンキ人）、ニムカン（エヴェン人）、ニングマン（ナーナイ人）などと言い、この単語は同時に「巫術」のことも意味していた（**写真10–2**）。さらに、熊祭もこれらと同じ単語で呼ばれてきたという。

斎藤君子は、民話の語り、シャ

マニズム、熊祭の三つに根元的に共通するものは何なのだろうかと問いかけ、後二者の儀礼は民話の語られる場でもあったという事実を指摘している。シャマンの踊りと熊祭の踊りの基本的動作が共通している地域もあれば、ナーナイ人シャマンのように、死者供養の祭において三つの太陽の神話と最初のシャマンにまつわる伝説を歌った後、「熊の姿で死者の霊を他界ブニへ送ろう」と歌う場合もあったのだ［斎藤 1993：44–49］。

今の例からもうかがえるように、シベリアの口承文芸はジャンル分類が非常に難しい。神話と呼ばれるものは大変幅が広く、内容もきわめて多岐にわたっているからだ。「天地開闢の物語や宇宙の構造を説明する話はもちろんのこと、天上界の精霊（カミ）や地下界の精霊（魔物）と遭遇した話や、シャマンが死者の霊魂を追って地下界へ降りる話も神話と呼ばれる。それだけではない。動植物の由来、日常生活の規範となるタブーの由来を説明する話まで神話と呼ばれる。カラスが黒いわけを説明する日本の『ふくろうの染物屋』のような話も神話と呼ばれる」［斎藤 2010：17–18］。

英雄叙事詩、昔話、伝説、あるいは儀礼中で唱えられる詩歌の中にも神話と呼ばれるものがあって、それらはフィクションではなく現実にあったこととらえられ、日常的に行動の規範とされてきたのである。

7 サハ人の創世神話

東シベリア、レナ川とその支流域で牛や馬の牧畜を行ってきたアルタイ諸語テュルク系サハ人の英雄叙事詩にも、創世神話が含まれる場合がある（写真10－3・10－4）。例えば『モドゥン・エル・ソゴトフ』という作品は、「地が生まれ、広がり、固まっていった。太陽と月と星が生まれ、動物が誕生した」という場面から始まる［山下 2001:72］。これは、一九世紀末にはすでに記録されていた「潜水神話」、つまり原初海洋に潜ってもたらされた土くれが広がり、大地となったという話をさしているものと思われる。

写真10-3　サハ人による自然の精霊のイメージ（サハ共和国スレドネコリマ郡）．撮影：藤原潤子

写真10-4　レストランの壁に描かれた森の精霊のイメージ（サハ共和国スレドネコリマ郡）．撮影：藤原潤子

それは次のような物語だ。はじめ、至高のユルン・アユー・トヨン(Ürün ajy-tojon, 白い創造主)が広い原初海洋に進み出た時、あぶくが一つ水に漂っているのを見てたずねた。「おまえは誰だ」。あぶくは「自分は悪魔で、水底の土の上に住んでいる」と答えた。そこで神は、「水底に本当に土があるなら、ひと切れ私に持ってきてくれ」と言った。悪魔は潜ってゆき、しばらくするとひと切れの土を持って戻ってきた。神はそれを受け取ると、土くれに祝福を与えて水上に置き、その上に立った。そこで悪魔は神を溺れさせようと考えて、大地が薄くなるように引き延ばし始めた。ところが延びれば延びるほどいっそう固くなり、今や海面の大部分を覆ってしまった。

ハルヴァが指摘するように、この伝承にみられる善神と悪神の二元論は、キリスト教を受けいれたサハ人がロシア人を通して学んだものと考えられる[ハルヴァ 1938＝1971:79–80]。同じような神と悪魔の対立というモチーフは、人類起源を語る神話にも現れる。サハ人のもとからフォン・ミッデンドルフが報告したのは、次のような話である。

創造主は大地を小さく、かわいらしく、滑らかにつくった。悪魔が来てそれを引っかいて裂き、ひび割れさせた。創造主は言った、「大したことはない、成長せよ、成長して、汝はよき物となるであろう」。すると大地はどんどん成長した。こうして大河や海さえもが、成長する亀裂から生じ、その間に大陸が育った。さて創造主はがっしりした石屋を一つ建て、その中に七つの像と、見張りとして一人の人間を置いた。悪魔は毎日、その人間を籠絡し、中に入ろうと試みた。とうとう彼は、人間の欲しがるあらゆる色をもち、決してすり切れることなく取り換える必要もないような服をやると約束して、その目的を達した。

こうして悪魔は中に入り、その像を自分の痰やらその他しぼり出しえた限りの排出物で汚した。創造主がやってきて何が起きたかを見ると、見張りにその自ら望んだものを与えた。すなわち、彼は犬になったのだ。それに対し、創造主は像を裏返しにし、内側が外に来るようにした。それからというもの、われわれ人間の内部には汚物や排泄物がいっぱい入っているのだ。その後、創造主はこれらの像に生命を与えた[von Middendorff 1875:1602 (Doerfer 1983:200-201)]。

シベリアに広くみられるこのような二元論的世界観は、キリスト教のほかイランなどからの影響に由来するものと考えられている。神話においても宗教においても、シベリアは決して周囲から孤立してきたわけではない。仏教やイスラームも含め、世界宗教や諸文明からの文化の波を、絶えず受け続けてきたのである。

8 北アジアの洪水神話

かつて、北アジアは洪水神話の空白地帯と考えられたこともあった。しかし、アンデルソンの研究によれば、ヴォグール(マンシ)人、オスチャーク(ハンティ)人、サモエード人、アルタイ人、アバカン・タタール人、ウリヤンハイ(トゥバ)人、イテリメン人の洪水神話が知られている[Anderson 1923]。

このうちイテリメン人(古アジア諸語)のものは、探検家・博物学者のステラーが早くも報告している[Steller 1774]。それによれば、イテリメン人は大洪水および大地全体への大氾濫についても語っている。それはクトカ(Kutka)が彼らのもとからいなくなって間もなく起きた出来事で、当時、非常に多くの人々が溺死したという。幾人かの人々は舟に乗って助かろうとしたが、波があまりにも強まった。しかし残った者たちは大きな筏《いかだ》をつくり、それに木々を結びつけて、食料とあらゆる家財を積んで逃げた。海へ流されないようにと、彼らは大きな石をひもに結びつけ、錨《いかり》がわりに水底へ落とした。水が引いた後、彼らは筏に乗って高い山々にとどまったという[Steller 1774:273]。なお、クトカとはイテリメン人における創世神である。

洪水神話はしばしば、旧約聖書のノアの物語が宣教師の影響で伝わった結果とされることもある。しかしアンデルソンによると、北アジアの諸伝承には聖書にみられないモチーフがいくつか繰り返し出てくる。それは、複数の家族が救出されること、筏で助かること、錨で筏を固定しておくこと、といったモチーフである[Anderson 1923:42]。これらは今のイテリメン人の話にも明白に現れている。

アルタイ諸語テュルク系でモンゴルと南シベリアの間に居住するトゥバ人にも、洪水神話が知られており、ここでも筏が登場する。一九二九年、独立国時代のトゥバに入ることのできた唯一の外国人として、民族学者・東洋学者のメンヒェン＝ヘルフェンは、簡単ではあるが次のようなエピソードを書きとめている[メンヒェン＝ヘルフェン 1931＝1996]。

サンドクスルンという二〇歳のトゥバ人の若者と話していたところ、結婚可能な範囲はどこまでか、という話題になった。すると彼は数え上げながら、まず「私は母親と結婚してはならない」ということから始めた。メンヒェン＝ヘルフェンは、「体系化へのかくもの感覚に驚いて、なぜそんな当たり前のことから始めるのだときいた」。するとサンドクスルンの答えは、次のようなものであった。「昔はそういうこともあったからだ。ブラ山上の鉄の筏の物語を知っているかね。大洪水がやってきた時、妻と息子を連れた男だけが、鉄の筏に乗って助かった。他のすべての人間は溺れ死んだ。男はふいに小さな陸地を見つけた。それはブラ山の頂だった。男は筏をそこにつなぎ止めようとして飛び込んだ。しかし飛んだ距離が短すぎて、溺れ死んだ。洪水は引いた。この世には、母と息子のたった二人だけが残った。それで彼らは夫婦のように暮らした。彼らの子どもたちは虚弱で、それ以前に人間たちがそうであったよりずっと弱かった。私たちはみんな、彼らの子孫なのだ」。この物語の後、彼はさらに婚姻規制について説明を続けたのである［メンヒェン＝ヘルフェン 1931＝1996：139–140］。

ここでおもしろいのは、話し手の若者が自分の祖先の話と信じながらこのエピソードを取り上げていること、しかも婚姻規制の由来として、ごく当たり前のように洪水神話に言及していることだ。まさしく日常の中に神話が生きており、日々の行動に規範を与えるものと受けとめられていたのである。

それにしても、本書の他の章で述べられているように、温暖化にともなう気候変動はシベリアの洪水神話を実際の悪夢として再現しかねないところまで来ているようだ。そうした事態が今後起こらないことを願うしかない。

9 おわりに

本章で取り上げてきた神話や宗教は、過去のシベリアにみられた伝統的なものに意識的に焦点を当ててきた。もちろん今日では、英雄叙事詩は呪術的使命を解かれ、祭りの日の演《だ》し物ないし民族芸能コンクールの演し物となり、「オペラ化」の道を歩み始めている［斎藤 1993:244］。シャマニズムにしても、民族意識復興の重要なイデオロギー的基盤としてルネサンスを経験する一方で、都市部では現代的で都会風のネオ・シャマニズムがさかんになっている［ホッパール 1994＝1998:47; Lepp 2004］。けれども、神話や宗教のように古くから伝えられてきた文化について知ろうと思うなら、やはり現代における表層よりも、根底にある連続性に目を向けたほうが近道だろうと考えるからだ。最近のシベリアにおける変化の諸相については、本書の別の章の中で、いろいろと教えられることがあるだろう。

最後に、個人的な思い出を少しだけ述べることを、お赦しいただきたい。二〇〇三年三月、ミュンヘン大学での留学生活を終えた私は陸路、帰国の途についた。ハンガリーやベラルーシを経てサンクト・ペテルブルグに入り、モスクワからシベリア鉄道でハバロフスクまで行って、そこから新潟へ飛んだ。

この旅行によって得た見聞は計り知れない宝物となっている。車内で出会ったブリヤート人父娘との会話、車窓に延々と続く白樺と雪景色、凍結したアムール川の上を歩いたこと、イルクーツクやハバロフスクで訪れた博物館の展示品などなど。ミュンヘンでの恩師ハンス＝ヨハヒム・パプロート先生（二〇〇七年逝去）との談話やゼミで親しんでいたシベリアの世界が、いっそう身近なものとなった旅だった。

現在、有志とともにシベリアの神話・民話集［Findeisen 1970］を読む読書会を続けながら、この土地への憧憬がますます強くなるのを感じている。本章ではこうした思いを背景に、シベリアの神話や宗教のおもしろさを紹介してきた。それがうまく伝わっていれば、うれしく思う。

終章

シベリアの温暖化と文化人類学

◈高倉浩樹

1 極北という地域

温暖化は、とりわけ北半球の高緯度地帯でその進行が速いといわれているが、そこは人口希薄地帯であり、都市化も相対的には進んでいない。とすれば、なぜわざわざ極北シベリアの温暖化を調べる必要があるのかと思われる読者もいるかもしれない。

しかしながら、地球規模での温暖化を理解するにあたって、ユーラシアと北米の極北地帯は重要な位置にある。北極海と大気圏の間には相互作用がみられるなど、北極圏は、全球規模の気候システムにおいて重要な役割を果たしているからである。北半球の「冷蔵庫」として、地球気候システムを調整する機能を持っている北極圏では、過去数十年において温度上昇が他の地域と比べ二倍進んでいる。その結果、地球レベルでの大気の流れや海水の循環が変化し、さらに極地の氷床や氷河が融け、温室効果ガスの濃度変化をもたらしているのである[Sommerkorn and Hassol eds. 2009]。

北極海に注ぐ、日本列島よりもはるかに長い全長四四〇〇キロのレナ川が流れる東シベリアは、北半球の寒極を含み、人が生活する場所としては最も寒冷な地域として知られている。北極海に面してツンドラ地帯、さらに広大な針葉樹の森林＝タイガが広がるこの地域の特徴は、永久凍土が南北にわたって広範囲に分布していることである。これは北米や西シベリアにおける分布が北極海沿岸の高緯度地帯だけであることと比べても際立っている。その理由は、過去と現在の気候・環境条件が反映した結果なのだが[福田 1996:7]、重要なことはこの永久凍土には大量のメタンつまり温室効果ガスが蓄積されているらしいことだ。温暖化によって凍土が融けると、地中のメタンが放出され、その結果さらなる温暖化が加速化するともいわれている(本書第4章参照)。

このようなことから、北極圏とりわけ東シベリア地域に焦点を当てた温暖化の進展状況の把握とその影響分析は重要な意味を持っている。この地域の温暖化を理解することは、地球全体の理解に連なってくるからである。一方、特定の地域に焦点を当てた温暖化の研究とは、地域研究や文化人類学と気候変動の科学が結びつくことでもある。それは、人文学と自然科学が異分野融合的に新しい知を切り開くことであり、また後述するように学知と社会が新しい形で取り結ばれる契機を提供するという側面も持っている。本書の編者は人類学を専門としているが、その視点から、とりわけシベリアに着目しながら地球温暖化の研究に取り組むことは、きわめて刺激的な作業である。

2 社会現象としての温暖化

温暖化の研究は自然科学者を中心になされ、それに加えて政策研究や国際関係論、さらに経済学といった分野の社会科学によって担われているというのが多くの読者のイメージであろう。自然科学が地球規模のマクロな気候変動をとらえるのに対し、社会科学は国際社会や国家の政策決定がいかなる形で温暖化に対応しているのか現実の政治経済的な動向を分析するからである。二国間や多国間の利害だけでなく、地球全体にかかわる環境問題を、国際機関・国家・NGO・市民社会といったさまざまな主体がどのように問題化し、その解決を図っているのか、さらにそもそものための交渉の場とはどのような性質を持つものなのかなどを問うことは、地球温暖化問題によって生じた新しい政治・経済・社会現象の正体をつきとめようという試みだといえる。

文化人類学はそこでどのような役割を果たすことができるのだろうか。その一つのあり方は、前記の社会科学的アプローチと共有される問題関心である。人類学者は世界の至るところで、現地に入り込みながら調査を行ってきた。環境問題に関わる主体は世界各地に広がっている。民族的少数者や先住民によって構成される地域社会を熟知し、さらにこうした人々の人権問題などに携わるNGOとも関わりのある人類学者は、彼らの動向に焦点を当てて国家や国際社会との交渉の過程の分析を試みている[Forbes and Stammler 2009]。人類学者ならではのアプローチによって、地球規模での「社会現象としての温暖化」の理解は深められているのである。

3 温暖化研究における「翻訳者」

人類学者の役割はそれだけにとどまらず、自然科学者との共同作業を行っている。そこから気候変動がどのように進展するのか、そしてその結果、いかなる社会的、生態的影響がおよぶのかについて正しく理解することに貢献可能であることがこれまで示されてきた。

その先進的事例は、環極北地域の人類学研究によって切り開かれてきたといってよい。なぜなら極北を最もよく知り、そして実際にその空間を自在に動き回ってきたのは先住民だったからである。現代国家が極北地域そしてその住民を、実質的に統治し始めたのは二〇世紀に入ってからでしかない。狩猟や漁撈という形で強く自然に依存する生業を営む極北の先住民は、雪と氷に覆われた自然を自らの日常空間として、そこに日々接することで、進行する気候そして生態の変化を感知してきた。例えば、北米北極圏のイヌイットが雪に関する二十数種類にもおよぶ独立語彙を持つということはよく知られている［宮岡 1978:3–5］。このことは、彼らが自らの自然環境における特定の事象を知悉し、細分化して認識することを示している。自然科学者がいくつかのサンプルデータを検証しながら、極北地帯の気候変動の全体像を把握することを試みてきたとすれば、先住民はその影響を個々の場面で具体的につぶさに実感を持って理解してきたのである。北方の人類学はそのことに気づき、先住民の間の在来知と科学知の協働の可能性を探ってきた。

先住民たちの間で世代を超えて伝承され研ぎすまされてきた在来知は、海氷の凍結や融解時期の差異など、大規模なものから微細なものに至る自然の変化を把握することを可能にしてきた。地球温暖化は、従来存在しえなかった事態も地域社会にもたらす。その結果、時には失敗に終わったこともあるが、多くの場合、先住民たちは何らかの形で、その新しい条件を踏まえた在来知を生成させてきたのである。

近年の北方人類学が取り組んできた重要な課題は、そうした在来知の内容を記録化することであり、さらにその在来知がいかなる形で更新＝伝承されていくか、そのメカニズムを解明することであった。そのことを通して、先住民の知識とそこで感知された観察結果を、単に先住民の社会だけでなく、自然科学者にとっても理解できる形にすることを目指したのである。それは先住民と科学研究の協力体制を構築することであった［Krupnik and Jolly 2002: xxi–xxvi］。人類学は、いわば両者の間の翻訳者の役割を果たしてきたのである。

このことは大変重要なことである。なぜなら地球温暖化を真に理解するためには、マクロとミクロな知見を組み合わせることが必要だからである［Bakes 2008: 175］。自然科学者が用いるモデルやシナリオなどさまざまな方法を駆使して導き出す知見は、地球レベルの平均値という形態をとる。そこでは、過去と比べて現時点で起きている事態がいかなる性質を持つのかを正しく把握することが可能である。さらに将来的な見通しを量的データで示したり、シナリオとして提示するために、国家の政策決定や国家間の合意形成にも直接的、間接的に接合されやすい。

しかしながら、その方法では温暖化がどのような影響をもたらすのか、特定の時間と場所という限定条件の中において、具体的に何が発生し、いかなる影響が生態的、社会的におよぶのかを把握することは困難なのである。さらにいえば、多様な要因が複合的に絡み合って成立している現実生活に対して、自然科学の単純化された因果モデルよりも、人類学がその手法の根幹に据える全体論的アプローチのほうが、迅速かつ的確に気候変動の影響という問題群に接近することができる[Krupnik and Jolly 2002:3]。それゆえにこそ、地域社会の在来知を用いて感知可能な知見を、自然科学者も理解できるような形に翻訳し、それを科学的知見と総合させることが求められているのである。

このことは、従来の調査者と被調査者という関係を変える可能性さえ秘めている。自然科学の普遍的な知見を地域社会に教えるというような一方的な関係ではないからである。科学者集団という閉じられた世界の中で学問が行われ、その成果が内部で独占されるのではなく、地域に暮らす市井の住民も何らかの形で科学=学問の営みに参画し、その成果の地域社会への適用を彼ら自身が構想する仕組みが実現する契機が含まれているのだ。

4 背景としての自然

ここまで、人類学は地球温暖化の研究にいかに貢献できるかを述べてきたが、温暖化研究に取り組むことで、逆に人類学という学問にもたらされるフィードバックもある。その一つとして提示しておく必要があるのは、自然環境と社会・文化環境の間の関係をダイナミックにとらえる視座であろう。変わりつつある自然に、人間の社会と文化はどのように適応して変わるのかをよりシステマティックに考えていこうとする方向である。

従来の人類学は、人間の社会を理解するにあたって、自然をいわば背景とみなしてきた。構造人類学や象徴人類学に代表されるのは、気候や生態、動植物といった自然の事物に対し、人がどのような意味ある名前を付与するのか、いかなる儀礼において特定の動物が意味を持つのかということに着目するアプローチだった。そこでは自然は所与のものとして、人が操作可能な象徴として読み解かれてきたのである。

生態人類学的アプローチからは、例えば、過酷な砂漠の中で人が生存するために、その環境に適応した生物としての家畜の特性を生かした知恵や習慣、社会制度が機能していることが明らかにされてきた。これは人類の社会・文化を理解するにあたっては、自然との密接な関わりの中で生成される社会類型があることを明示するものだった。その場合、一定の制約条件を前提としながらも、環境にいかに呼応・対処する形で文化が生成され、維持されているのか、具体像を踏まえながらそのメカニズムが解明されてきたのである。とはいえ、そこでの自然も、単純な「調和のとれた生態系」ではないにせよ、一定の恒常性を持つものとして構想されてきたのである。

5 動き続ける自然と適応する文化

温暖化研究に取り組むことによって見据えなければならない自然環境は、従来存在しえなかったような気候条件とその影響を受けた生態系である。いわば背景として存在していた自然が可変的なものとして動き出した時に、これに適応する（あるいはしえないという場合もある）社会や文化の仕組みとは何か？　という問いかけの必要性を、温暖化研究は提起するのである。それは新しい人類学の展望をひらくことになるかもしれないと私は思っている。

このことを、災害の人類学という研究分野に言及しながら考えてみよう。災害研究においては、当然ながら変化する自然という枠組みが方法論として取り入れている。通常とは異なる＝異常な自然現象によって異常な社会状況が発生する、つまるところ非常事態だが、災害を研究対象とすることは、何よりもこの非常事態を社会過程として対象化することにほかならない。この分野を牽引するS・ホフマンらは、災害過程は、ある特定の人間集団における社会的機構の本質、つまり人々がどのようにつながり合い、そしてそのつながりの強さの度合いはいかなるものなのかを明らかにすると主張している［ホフマン他編 2006:14］。災害時の地域社会の人間関係や、被災地と被災地以外がどのように関わりあうのかを想起すれば、この指摘は納得できるだろう。

温暖化は災害という現象となって現れる。熱波・干ばつ・洪水・高潮・暴風雨・地滑り・土石流などの自然災害が想定できるが、温暖化はそれらの頻度を増やし、規模を大きくするのである。この意味で、地球温暖化の人類学とは、災害の人類学という側面も持っている。かつて伊谷純一郎は、干ばつの中のアフリカの牧畜民トゥルカナの社会生活を描き出した［伊谷 1982］。それは「通常」においてて観察・理解される社会と文化の仕組みが、いかに極限的な事態に対応しようと拡張しうるのかを示すものであった。非常事態にさらされた個人はそれぞれの問題状況を解決すべく多岐にわたった行動を実践することで生存を勝ちえていく。文化・社会の仕組みは個人の行動選択の広がりを方向づけ、さらにその中で、微妙であれ大幅であれその仕組みは再編・更新されていったのである。彼の研究は、ある文化・社会のあり方を、単に日常での観察だけではなく、非日常の対応を含み込んだ幅のあるものとしてとらえることの重要性と革新性を示すものだった。

災害研究においては非常事態が終結するまでが対象である。その過程は、人類学的には通過儀礼やコミュニタス論が示すような社会再生の道筋である（突発的な出来事の中で出現した非日常の過程、すなわち既存とは異なる社会秩序やコミュニケーションを経ることによって個人や社会が新たなものへと更新されるという考え）。これに対し温暖化の人類学は、動き続ける自然と適応し続ける文化をとらえる必要がある点が異なっている。気候変動の研究の中で主要概念であるレジリアンス（回復更新力）・脆弱性は、その「幅」をとらえることに直接関係している。レジリアンスとは、なかなかわかりにくい概念だが、もともとは生態系の安定性に代わる概念として出されたものである。自然の攪乱が起きたとしても、生態系が維持されていく場合、そこには変化を吸収して存続する能力＝レジリアンスが働くからである［Bakes 2008:73］。これが人間社会に適用されたのである。重要なのは、単純に元に回復するわけではなく、そこに更新や再組織化が含まれていることである。一方、脆弱性はいわばこのレジリアンスのコインの裏側である。レジリアンスが減れば、脆弱性は増加するのである［Folke et al. 2002:13］。

従来であれば、そうした自然の変化（より広くいえば外部世界）が、所与の社会や文化にどのような影響をもたらすかについては、社会変化あるいは歴史記述という形で提示されるしかなかった。しかしこれらの概念から得られるのは、攪乱を含んだ動き続ける自然とこれに適応し続ける文化・社会のあり方をシステマティックにとらえるという観点である。そこには環境に対する適応という意味で、進化論的なニュアンスも含まれている。その是非は今後検討する必要があるが、新しい視座が出されつつあることを確認しておきたい。(1)

註

(1) 本章は、拙稿「地球温暖化の人類学——北方からの視座」(『アークティック・サークル』第七六号、北海道立北方民族博物館友の会誌)に加筆、改稿したものである。

資料2

シベリアをさらに学びたい人のための文献案内

総論

◈岡洋樹他編［2009］『東北アジア』朝倉世界地理講座2（朝倉書店）

ロシアのシベリアと極東、中国の東北部と内モンゴル、モンゴル国を含む東北アジアについての最新の地域概説書。シベリアの自然環境、開発と環境問題、歴史、宗教、国際関係、民族問題、グローバリゼーションなど、三三もの多岐にわたるテーマについてコンパクトにまとめられ、事典的使い方が可能である。（藤原）

◈岸上伸啓責任編集［2005］『極北』（農山漁村文化協会）

『世界の食文化シリーズ』（全二〇巻）の一つ。新旧大陸の極北部先住民を中心とした諸民族の食文化を、各地域の専門家の現地調査をもとに写真や図版を付して紹介した図書。シベリアに関しては、アムール川流域諸民族、西シベリアのネネツ、ハンティが紹介されているほか、近隣のアイヌやサーミ、さらに北米のイヌイットの食文化を網羅している。（吉田）

◈大林太良［1991］『北方の民族と文化』（山川出版社）

比較神話学や通文化研究に通暁した人類学者による、北方ユーラシアを中心にした比較文化論。一九五〇～九〇年代に執筆された諸論文をまとめたもので、北方文化研究の主要な先行研究やアプローチの仕方の概説ののち、この地域の通文化的研究の主要なトピックス——シャマニズム、熊祭、アイヌ文化の北方的要素——について、北方の民族研究の進展を願って著されたもの。（吉田）

◈護雅夫・岡田英弘編［1990］『中央ユーラシアの世界』民族の世界史4（山川出版社）

中央ユーラシアに居住する民族について、言語学、歴史学、民族学の立場からそれぞれの専門家が解説した本。

シベリアに関連するのは、第二部第II章「中央アジアとシベリアのトルコ系民族」および第四部「ウラル系民族」である。とくに後者では、言語、民族、考古、歴史の多岐にわたって詳細に記述されている。（永山）

◈三上次男・神田信夫編［1989］『東北アジアの民族と歴史』民族の世界史3（山川出版社）

東シベリア、中国東北地方、朝鮮半島から構成される「東北アジア地域」の人類史、言語の変遷、民族史、国家支配を含む歴史を総合的に論じた初めての本格的な地域史的総覧。シベリアがロシア史だけではなく、東アジア史と密接に関連した領域であることを教えてくれる。シベリアの人類史、言語、民族、ロシアとの関係についてバランスよく学ぶことができる。（高倉）

歴史

◈加藤博文［2008］『シベリアを旅した人類』ユーラシア・ブックレット123（東洋書店）

シベリアへの人類の拡散適応に関する概説書。熱帯型生物である人類が、氷河期と間氷期の間を繰り返す環境の中で多様な道具を作り出し適応していったことが、考古学遺跡資料の解説を踏まえながら述べられている。考古学がなぜ歴史を語ることができるのかといった理論も踏まえ、シベリアの人類集団の東アジアやアメリカ大陸への移動についての最新成果も明解に論じられている。（高倉）

◈森永貴子［2008］『ロシアの拡大と毛皮交易——一六～一九世紀シベリア・北太平洋の商人世界』（彩流社）

シベリア先住民は毛皮税を媒介にしてロシア国家と関係を構築していくが、ロシアがいかに北太平洋まで自らの領土を拡張したのか、その原動力と組織のあり方を、毛皮交易の商業史という観点から俯瞰する。その過程は、日本や中国との国際関係も含むものであり、さらに北太平洋を挟んだ一九世紀の領土分割と国際関係の文脈にあることを示している。（高倉）

◈ジェームス・フォーシス［1998］『シベリア先住民の歴史——ロシアの北方アジア植民地』森本和男訳（彩流社）

一六世紀からソ連崩壊までのシベリアの先住民全体を扱った包括的な歴史書。ロシアのシベリア植民地史とソ連の先住民対策史という側面も持つ。ロシア人も含めてシベリアの各民族集団がいかに暮らしてきたかがわかる。目次と索引を用いれば、百科事典的な利用法も可能な参考書的意味も持つ。原著は英語なので、それとの併読を

すすめる。（高倉）

◈佐々木史郎［1996］『北方から来た交易民――絹と毛皮とサンタン人』NHKブックス（日本放送出版協会）

近代以前の北海道と樺太、アムール川下流域に暮らす先住民が交易を通して独自の自律的歴史世界を形成していたことを述べた本。アイヌ民族とシベリア先住民の歴史的関係や、一九世紀の東アジアにおいて、帝政ロシアと日本という国家の対立が先住民の世界を変えていくさまを描写している。（高倉）

言語

◈中川裕監修［2009］『ニューエクスプレス・スペシャル――日本語の隣人たち』（白水社）

日本の近隣で話されているさまざまな言語の文法特徴を各言語三課ずつ、言語学を知らない人にもわかりやすく解説した本。正書法や音声記号による表記のほかにカタカナも併記され、ネイティブ・スピーカーによる実際の音声をCDで確認できる。古アジア諸語（四）、テュルク語族（一）、ツングース語族（一）、オーストロネシア語族（二）の計八言語収録。（永山）

◈津曲敏郎編著［2003］『北のことばフィールド・ノート――一八の言語と文化』（北海道大学図書刊行会）

環北太平洋地域で話されている一八の少数言語についての記述言語学者によるエッセイ集。日本語や英語の話者には思いもよらないような独特の文法特徴を持つ言語の仕組みを一から解き明かしていくフィールドワークの魅力を紹介している。一八篇のうち一六篇までは北海道立北方民族博物館友の会誌『アークティック・サークル』に掲載されたもの。（永山）

◈小泉保［1991］『ウラル語のはなし』（大学書林）

民族篇、言語篇、系統篇の三部からなり、単なる語学書にはとどまらない比較言語学の概説書としても楽しめる本。第三部の系統篇では各言語のデータを検証し、厳密な比較言語学の手法を用いて言語学の立場からウラル・アルタイ語族をはっきりと否定している。（永山）

文化

◈渡邊日日［2010］『社会の探究としての民族誌――ポスト・ソヴィエト社会主義期南シベリア、セレンガ・ブリヤート人に於ける集団範疇と民族的知識の記述と解析、準拠概念に向けての試論』（三元社）

ブリヤート民族にとってのソ連史およびソ連崩壊後の文化・社会的経験を描いた民族誌。民族や氏族などの集団範疇が当事者によってどう規定され語られるのか、社会変動の中でこのような民族的知識がいかに再編されつつあるのかという問題が、経済、儀礼、教育などに関するフィールド調査をもとに論じられている。（藤原）

◈呉人恵［2009］『コリャーク言語民族誌』（北海道大学出版会）

言語人類学的視点から著された北東シベリアのトナカイ牧畜先住民コリャーク人の言語学的民族誌。言語の「範疇化」を柱にして、コリャーク語の概説に始まり、生業活動、衣食住、誕生と死という構成。コリャーク人の遊牧生活の重要な局面を、現地調査をもとに記述・収集された民俗語彙の言語学的解説を含め、写真、図版を多用して詳述している。（吉田）

◈煎本孝［2007］『トナカイ遊牧民、循環のフィロソフィー――極北ロシア・カムチャツカ探検紀』（明石書店）

カムチャツカ半島北部に暮らすコリヤーク民族の一派とされるアリュートル（著者は「オリュートルスキー・コリヤーク」という）のトナカイ飼育民に関する民族誌。一九九三年と九五年の調査がもとになっているので、ポスト社会主義期のロシア情勢が反映されているが、古典的な民族誌としての性格が強い。自然と人の関係を含む宗教・世界観に関わる記述が豊富である。（佐々木）

◈吉田睦［2003］『トナカイ牧畜民の食の文化・社会誌――西シベリア・ツンドラ・ネネツの生業と食の比較文化』（彩流社）

西シベリアのトナカイ牧畜民ネネツの地域グループであるギダン・ネネツの食文化について、歴史的・比較文化論的観点、また社会環境への適応の観点から検討した民族誌。家畜トナカイや野生動物、魚などの伝統的食材だけでなく、小麦粉や茶といった外来食材も取り上げ、解体法、調理法、貯蔵法など多彩な視点からくわしく紹介している。（中田）

◈高倉浩樹［2000］『社会主義の民族誌――シベリア・トナカイ飼育の風景』（東京都立大学出版会）

ソビエト期からポスト・ソビエト期にかけての激動の時代、東シベリアの地方の村で暮らす人々がどのように暮らしてきたのかを描いた民族誌。三年にわたるフィールドワークをもとに、ソフホーズ（国営農場）の形成や分裂・再編、人と家畜トナカイとの関わり方などを詳細に記述している点が特徴的である。（中田）

◈高倉浩樹［2012］『極北の牧畜民サハ――進化とミクロ適応をめぐるシベリア民族誌』（昭和堂）

東シベリア、サハ人の牛馬飼育と狩猟漁撈にかかわる民族誌。ステップ起源のサハ人が、レナ川中流域の森林帯に移住し適応した生業複合を、歴史と現代的展開を含めて記述し、極北適応の観点から理論的に考察した点に特徴がある。人・家畜関係に関する詳細な記述とその生業体系維持のメカニズムが、進化と適応の視座から解明されている。（高倉）

宗教と神話

◈黒川知文［1999］『ロシア・キリスト教史――土着と服従と復活』（教文館）

ロシアにおける千年のキリスト教史についての本。キリスト教の土着化プロセス、外敵の侵入や教会の分裂、社会主義政権による迫害など、教会が直面した数々の苦難、そしてポスト社会主義時代の教会復活が描かれている。ロシア正教とカトリックやプロテスタントとの比較もあり、日本人にとってなじみの少ない正教を知るのにも良い一冊。（藤原）

◈大林太良［1997］『北の人　文化と宗教』（第一書房）

網走の北方民族博物館館長も務めた民族学者が、グリーンランドからラップランドに至る北方諸民族の暮らしや伝統的な信仰についてのエッセイ・論文をまとめた本。神話やシャマニズム、世界観、霊魂観、狩猟儀礼、鮭漁をめぐる神話と儀礼など、アイヌとの文化的連関も含め、さまざまなトピックを取り上げ論じている。（山田）

◈荻原眞子［1995］『東北アジアの神話・伝説』（東方書店）

神話学・口承伝承研究者である著者が、ロシア・シベリア東部地域の少数民族の神話・伝承を紹介したもの。北東シベリア、アムール・サハリン地域、東シベリアの三地域に分けてその口承世界を概説し、多様な民族文化を物語る個々の伝承を、簡潔な解説を付して紹介している。シベリア先住民の神話世界が概観できる。（吉田）

◈ウノ・ハルヴァ［1989］『シャマニズム――アルタイ系諸民族の世界像』田中克彦訳（三省堂）

フィンランドの宗教民族学者が、北・中央アジアのアルタイ系諸民族の宗教・世界観を、初めて包括的、体系的に論じた本。原著は一九三八年刊だが、いまだに再版され続けている名著。訳書のタイトルとされたシャマニズムのみならず、世界像や神話、自然への信仰、死者を

めぐる観念や儀礼など、具体的事例の宝庫。（山田）

◈E・ロット・ファルク［1980］『シベリアの狩猟儀礼』田中克彦訳（弘文堂）

パリの人類博物館に勤めたフランスの女性民族学者による、シベリア諸民族の伝統的狩猟儀礼についてのすぐれたモノグラフ。諸文化を静態として描くだけでなく、キリスト教との接触とその影響に言及したり、レヴィ＝ストロースに先んじてトーテミズム概念批判を展開している点なども、改めて評価できるだろう。（山田）

編者あとがき

本書は、シベリアの温暖化を理解するためのいわば基礎作業として、この地域の人々や社会の仕組みがどのようなものであるのか明らかにすることを最大の目標としてきた。本書全体を読んでいただけた方には、従来には明瞭ではなかった形での新たなシベリア理解が得られたのではないかと期待している。そもそもシベリア地域の自然がいかなる特徴を持ち、人類はいかにしてこの極寒の地に適応できたのか、さらには先住民の言語的、文化的多様性について概観していただけたと思う。そのうえで、トナカイと寒地適応した動物との人のつきあい、さらに氷という物資を人がどのように利用しているのか、その文化と社会の仕組みについて具体的なイメージを持っていただけたのではないだろうか。また、シベリアの先住民、いうなればロシアの中のアジア系の人々に焦点を当てることによって、親しみを感じてもらえたのではないかと思っている。

本書の中では部分的には、温暖化の影響がどのような形で現れているのか説明した箇所もあるが、その実態はまだ十分解明されていない。その意味で、本書は「しのびよりつつある地球温暖化」を扱ったものなのである。本書で取り組んだ研究プロジェクトは現在進行中であり、今後、新たなる形で研究成果を明らかにしていきたいと考えている。すでに人類学や地域研究と気候変動の科学の協働作業は始まっており、その方法についても提示されている。編者としては、それらを参照しながら、シベリアの温暖化が人間社会に与える影響を解明するとともに、それを共感をもって日本社会が理解できるような仕掛けをつくっていきたいと考える次第である。

本書で示したようなシベリア地域研究の入門書を出版することは、シベリア人類学を専門とする編者にとってかねてからの課題であった。自然・歴史・言語・文化、そして現代をコンパクトに理解する概説書はこれまでなかったからである。本書の企画の構想にあたっては、勤務先である東北大学東北アジア研究センタープロジェクト研究部門「シベリアにおける人類生態と社会技術の相互作用研究ユニット」(代表、高倉浩樹)での調査研究・成果公開事業の諸活動が役に立った。

さらに、シベリア地域研究を従来の人類学や歴史学の視点だけでなく、地球環境研究という観点からまとめることができたのは、人間文化研究機構・総合地球環境学研究所のプロジェクト「温暖化するシベリアの自然と人――水環境をはじめとする陸域生態系変化への社会の適応」に参加してからである。本書の執筆メンバーの大半はこのプロジェクトに関わっている。そこでの文理連携の仕組みは、大変好ましい形で構築されており、編者自身、フィールドを共有して文理がともに議論することを心から楽しんでいる。本書では十分明らかにできなかった温暖化の影響のより実態に即した分析は、そうした体制の中で確実に解明できると確信している。その意味で本書は、次のステップに向けた一里塚なのである。

*

ところで本書の執筆者のほとんどは、二〇一一年三月一一日に発生した東北地方太平洋沖地震の被災者となった。この前日と当日に、東北大学構内で総合地球環境学研究所の研究会が行われていたからである。まだ続くのかと何度も思った地震の長さ、壁の一部が崩落した建物からの退避、携帯電話のワンセグ放送で見た津波、さらに泣きっ面に蜂としかいいようがなかった夕刻からの雪と、その日のことは鮮明に覚えている。

仙台在住者以外は、近隣の小学校に避難して不安な一夜を明かした後、さらに情報混乱の中でバス・電車・飛行機を乗り継いでそれぞれ帰宅の途についたのだった。本書に関係しては、新泉社の編集者、安喜健人さんも被災者の一人である。本書執筆者たちとの打ち合わせのために、前日の研究会に出席していたからである。安喜さんは帰路の新幹線車中で地震に遭遇し、トンネル内で一昼夜を明かした後に帰京したという。そのようなさまざまな困難を乗り越えて本書を出版できることは、編者にとって望外の喜びである。

人類学・言語学・保全生態学・水文学・土木計画学といった文系から理系にまたがる研究分野に関わる本書の執筆者たちは、現地の人々に受け入れてもらってはじめて調査が可能となった。その一人ひとりのお名前を挙げることはできないが、彼らの寛容で暖かい心づかいがあったことを記して、感謝申し上げたい。その中には震災後、電子メールなどでこちらを心配して連絡をくれた人も少なからずいた。調査地の人からのメールを見た時、大変うれしかったことを覚えている。

なお、このような多分野にわたる現地調査を行うにあたって、現地でのカウンターパートとなる研究者に多くの労をとっていただいた。とりわけ、ヤクーツク市にあるロシア科学アカデミー・シベリア支部人文学北方先住民族研究所のヴァンダ・イグナティエヴァさん(V. B. Ignatyeva)とサルダーナ・ボヤコワさん(S. I. Boyakova)、さらに永久凍土研究所のセミョーン・ゴトフツェフさん(S. P. Gotovtsev)には大変お世話になった。

本書はシベリアに関心をもつすべての読書人に対しての入門書である。そのために、表現をわかりやすくかつ正確さを損なわないよう、編集者と執筆者の間では何度も校閲が繰り返された。専門分野によって異なる用語の表記法についても、編者の意向で統一するなどさせてもらった。それらにおつきあいいただいた執筆者各位に、そしてこれを強力に補佐・支援してくれた執筆者の藤原潤子さんと編集者の安喜健人さんに感謝する。

最後に、本書出版の実現の機をつくってくれたのが、名古屋市立大学准教授の赤嶺淳氏との友情であったことを記しておきたい。

二〇一二年一月二〇日

高倉浩樹

編者・執筆者紹介

【編者】

高倉浩樹（たかくら・ひろき）＊序章・第5章・終章
1968年生まれ.
1998年，東京都立大学大学院社会科学研究科博士課程単位取得退学（社会人類学博士，1999年）.
東北大学東北アジア研究センター，大学院環境科学研究科教授.
社会人類学，シベリア民族誌専攻.
主要業績：『極北の牧畜民サハ――進化とミクロ適応をめぐるシベリア民族誌』（昭和堂，2012年），『総合人類学としてのヒト学』（編著，放送大学教育振興会，2018年），『社会主義の民族誌――シベリア・トナカイ飼育の風景』（東京都立大学出版会、2000年），『シベリアとアフリカの遊牧民――極北と砂漠で家畜とともに暮らす』（共著，東北大学出版会，2011年），『ポスト社会主義人類学の射程』（共編著，国立民族学博物館，2008年）など.

【執筆者】

佐々木史郎（ささき・しろう）＊第1章
国立アイヌ民族博物館館長．文化人類学，極東ロシア民族史専攻．
主要業績：『シベリアで生命の暖かさを感じる』（臨川書店，2015年），『東アジアの民族的世界——境界地域における多文化的状況と相互認識』（共編著，有志舍，2011年）など．

中田 篤（なかだ・あつし）＊第2章
北海道立北方民族博物館主任学芸員．専門は人と動物の関係学，北方人類学．
主要業績：『開発と先住民』（共著，明石書店，2009年），『北極の人間と社会——持続的発展の可能性』（共著，北海道大学出版会，2020年）など．

藤原潤子（ふじわら・じゅんこ）＊第3章・コラム2
神戸市外国語大学ロシア学科准教授．専門は文化人類学，ロシア文化研究．
主要業績：『呪われたナターシャ——現代ロシアにおける呪術の民族誌』（人文書院，2010年），『シベリア——温暖化する極北の水環境と社会』（共編著，京都大学学術出版会，2015年）など．

檜山哲哉（ひやま・てつや）＊第4章
名古屋大学宇宙地球環境研究所教授．専門は地球環境学，水文気候学．
主要業績：『シベリア——温暖化する極北の水環境と社会』（共編著，京都大学学術出版会，2015年），『水の環境学——人との関わりから考える』（共編著，名古屋大学出版会，2011年）など．

吉田 睦（よしだ・あつし）＊第6章・コラム1
千葉大学大学院人文科学研究院教授．
専門は文化人類学，北方ユーラシア・シベリア民族学．
主要業績：『トナカイ牧畜民の食の文化・社会誌——西シベリア・ツンドラ・ネネツの生業と食の比較文化』（彩流社，2003年），『アジアとしてのシベリア——ロシアの中のシベリア先住民世界』（共編著，勉誠出版，2018年）など．

池田 透（いけだ・とおる）＊第7章
北海道大学大学院文学研究院人間科学部門地域科学分野地域課学区研究室教授.
専門は保全生態学，侵入生態学を基盤とした外来種管理研究.
主要業績：『日本の外来哺乳類——管理戦略と生態系保全』（共編著，東京大学出版会，2011年），『生物という文化——人と生物の多様な関わり』（編著，北海道大学出版会，2013年）など.

奥村 誠（おくむら・まこと）＊第8章
東北大学災害科学国際研究所，東北アジア研究センター教授.
土木計画学，都市間交通計画専攻.
主要業績：『途絶する交通，孤立する地域』（共編著，東北大学出版会，2013年），『土木計画学——土木・環境系コアテキストシリーズ E-1』（コロナ社，2014年）など.

永山ゆかり（ながやま・ゆかり）＊第9章
釧路公立大学経済学部准教授．専門は言語学（チュクチ・カムチャッカ諸語）.
主要業績：『シベリア先住民の食卓——食べものから見たシベリア先住民の暮らし』（共編著，東海大学出版部，2016年），『アジアとしてのシベリア——ロシアの中のシベリア先住民世界』（共編著，勉誠出版，2018年）など.

山田仁史（やまだ・ひとし）＊第10章
東北大学大学院文学研究科准教授．宗教民族学，神話学専攻.
主要業績：『首狩の宗教民族学』（筑摩書房，2015年），『新・神話学入門』（朝倉書店，2017年）など.

文献一覧

序章

北野康［2009］『水の科学』第3版，日本放送出版協会．

クラックホーン，クライド［1949＝1971］『文化人類学の世界――人間の鏡』外山滋比古他訳，講談社現代新書．

高倉浩樹［2009］「シベリアの狩猟・牧畜をめぐる歴史と現代ロシア」，岡洋樹他編『東北アジア』朝倉世界地理講座2，朝倉書店，301–313頁．

第1章

赤澤威［2010］「人類史の分かれ目――旧人ネアンデルタールと新人サピエンスの交替劇」，『文化人類学』74(4): 517–540.

折茂克哉［2002］「東アジアにおける中期～後期旧石器初頭石器群の変遷過程」，佐々木史郎編『先史狩猟採集文化研究の新しい視野』国立民族学博物館調査報告33，国立民族学博物館，23–47頁．

オクラードニコフ，アレクセイ［1974］『シベリアの古代文化――アジア文化の一源流』加藤九祚・加藤晋平訳，講談社．

木村英明［1997］『シベリアの旧石器文化』北海道大学図書刊行会．

佐々木史郎［1985］「トナカイ飼育の歴史」，『民博通信』30: 85–95.

――――［2005］「ツンドラ地帯におけるトナカイ遊牧の成立過程――帝政ロシア期にネネツとチュクチが選んだ生き残り戦略」，松原正毅・小長谷有紀・楊海英編『ユーラシア草原からのメッセージ――遊牧研究の最前線』平凡社，339–370頁．

第2章

梅棹忠夫［1976］『狩猟と遊牧の世界――自然社会の進化』講談社．

佐々木史郎［1984］「シベリアのトナカイ遊牧――西シベリア，ネネツ族の事例とその経済的意義の考察」，『季刊人類学』15(3): 114–180.

――――［1991］「アムール川下流域とサハリンにおける文化類型と文化領域――レーヴィン，チェボクサロフの「経済・文化類型」と「歴史・民族誌的領域」の再検討」，『国立民族学博物館研究報告』16(2): 261–309.

高倉浩樹［2008］「生業文化類型と地域表象——シベリア地域研究における人類学の方法と視座」，宇山智彦編『地域認識論——多民族空間の構造と表象』講座スラブ・ユーラシア学2，講談社，175–201頁.
Røed, K. H., Ø. Flagstad, M. Nieminen, Ø. Holand, M. J. Dwyer, N. Røv and C. Vilà [2008]"Genetic Analyses Reveal Independent Domestication Origins of Eurasian Reindeer," *Proceedings of the Royal Society*, B 275: 1849–1855.
Vainshtein, S. [1980] *Nomads of South Siberia: The Pastoral Economies of Tuva*, translated by Michael Colenso, Cambridge: Cambridge University Press.

第3章

相田重夫［1966］『シベリア流刑史——苦悩する革命家の群像』中公新書.
阿部重雄［1981］『コサック』教育社.
伊賀上菜穂［2008］「ロシア連邦におけるロシア人サブグループをめぐる昨今の状況」，高倉浩樹・佐々木史郎編『ポスト社会主義人類学の射程』国立民族学博物館調査報告78，国立民族学博物館，225–266頁.
加藤九祚［1989］「ロシア人の進出とシベリア原住民」，三上次男・神田信夫編『東北アジアの民族と歴史』民族の世界史3，山川出版社，427–468頁.
———［1994（1963）］『シベリアの歴史』紀伊國屋書店.
クズネツォフ，V. K.［1914＝2008（1945）］「アジヤロシヤの住民——人種学的概観」，沼田市郎編訳『アジヤロシヤ民族誌』アジア学叢書，大空社，181–315頁.
鳥山成人［1995］「17世紀モスクワ国家と周辺世界」，田中陽兒他編『ロシア史1——9世紀～17世紀』世界歴史大系，山川出版社，363–400頁.
リュビイモフ，P. P.［1914＝2008（1945）］「アジヤロシヤ住民の宗教および信仰構成」，沼田市郎編訳『アジヤロシヤ民族誌』アジア学叢書，大空社，317–371頁.
Arutiunian, Iu. V. et al. eds. [1992] *Russkie: Etnosotsiologicheskie ocherki*, Moscow: Nauka.
Bakhtin, N. et al. [2003] *Russkie starozhily Sibiri: Sotsial'nye i simvolicheskie aspekty samosoznaniia*, Moscow: Novoe izdatel'stvo.
Boronoev, A. O. [2003] "«Sibirstvo» kak forma territorial'noi identichnosti," in A. O. Boronoev ed., *Sibir'. Problemy sibirskoi identichnosti*, St. Petersburg: Asterion.
Charina, O. I. ed. [1994] *Fol'klor russkogo naseleniia Iakutii (Russkie pesni Lenskogo trakta)*, Yakutsk: Iakutskii nauchnyi tsentr SO RAN.
Erokhina, E. A. [1998] "Vliianie mirovozzrencheskikh tsennostei russkogo etnicheskogo soznaniia na kharakter vospriiatiia inoetnicheskikh kul'tur Zapadnoi Sibiri: XVII–ser.

XIX vv.," in I. N. Gemuev et al eds., *Russkie Sibiri: kul'tura, obychai, obriady. Sbornik nauchnykh trudov*, Novosibirsk: Institut arkheologii i etnografii SO RAN, pp.5–15.

Ivanich, G. [2010] "Amerikantsy ne anglichane, sibiriaki ne russkie. Sibir' dolzhna byt' nezavisimoi stranoi," *Givi Ivanich Online*, 2010.05.20. http://giviivanich.wordpress.com/2010/05/20/646846/（2010年7月取得）

Khandogin, K. [2010] "Sibirskii separatizm kak ugroza tselostnosti Rossii," *Sibirskaia respublika*, 2010.08.19. http://www.siberia-republic.org/stati/volnaja-sibir/avtnomnost-i-edinstvo/sibirskii-separatizm-kak-ugroza-celostnosti-rosi.html（2010年11月取得）

Levin, M. G. and A. P. Potapov eds. [1956] *Narody Sibiri (Narody mira: Etnograficheskie ocherki)*, Moscow and Leningrad: Iadatel'stvo Akademii nauk SSSR.

Petrova, T. P. [2004] *Russkoe naselenie Iakutii: problemy etnokul'turnoi adaptatsii*, Yakutsk: Izdatel'stvo SO RAN.

Romanov, I. G. [1998] *Formirovanie russkogo naseleniia Iakutii (1917–1941 gg.)*, Yakutsk: Institut gumanitarnykh issledovanii AN RS (Ia).

Sverkunova, N. V. [1996] "Fenomen sibiriaka," *Sotsiologicheskie issledovaniia*, 8: 90–94.

——— [2000] "Sibiriaki i «sibirstvo»," *Vostochno-Sibirskaia Pravda*, 2000.10.07. http://www.vsp.ru/social/2000/10/07/343765/（2010年7月取得）

Vasil'eva, R. I. [1998] "Sovremennye etnoiazykovye protsessy v prilenskikh ulusakh Respubliki Sakha (na primere Olekminskogo i Khangalasskogo ulusov)," in V. N. Ivanov et al. eds., *Istoriko-etnosotsial'nye issledovaniia: regional'nye problemy*, Novosibirsk: Nauka, pp.37–45.

Vlasova, I. V. [1999] "Rasselenie i chislennost' russkikh v epokhu Rossiiskoi imperii (konets XVIII – nachalo XX veka)," in V. A. Aleksandrov et. al. eds., *Russkie (seriia «narody i kul'tury»)*, Moscow: Nauka, pp.10–88.

資料1

国勢調査 [2005] *Svodnye itogi Vserossiiskoi perepisi naseleniia 2002 goda: Itogi Vserossiiskoi perepisi naseleniia 2002 goda*, Ofitsial'noe izdanie, T.14, Federl'naia sluzhba gosudarstvennoi statistiki.

高倉浩樹 [2009]「シベリアの狩猟・牧畜をめぐる歴史と現代ロシア」，岡洋樹他編『東北アジア』朝倉世界地理講座2，朝倉書店，301–313頁.

Akbalyan, Y. ed. [2005] *Practical Dictionary of Siberia and the North*, Moscow: European

Publications.
Tishkov, V. ed. [2000] *Narody i religii mira: entsiklopedia*, Moscow: Bol'shaia Rossiiskaia Entsiklopedia.

第4章

福田正巳 [1996]『極北シベリア』岩波新書.
Aselmann, I. and P. J. Crutzen [1989] "Global Distribution of Natural Freshwater Wetlands and Rice Paddies, Their Net Primary Productivity, Seasonality and Possible Methane Emissions," *Journal of Atmospheric Chemistry*, 8: 307–358.
Gorham, E. [1991] "Northern Peatlands: Role in the Carbon Cycle and Probable Response to Climatic Warming," *Ecological Application*, 1: 182–195.
Katamura, F., M. Fukuda, N. P. Bosikov, R. V. Desyatkin, T. Nakamura and J. Moriizumi [2006] "Thermokarst Formation and Vegetation Dynamics Inferred from a Palynological Study in Central Yakutia, Eastern Siberia, Russia," *Arctic, Antarctic and Alpine Research*, 38: 561–570.
Katamura, F., M. Fukuda, N. P. Bosikov and R. V. Desyatkin [2009] "Charcoal Records from Thermokarst Deposits in Central Yakutia, Eastern Siberia: Implications for Forest Fire History and Thermokarst Development," *Quaternary Research*, 71: 36–40.
Ohta, T., T. Hiyama, H. Tanaka, T. Kuwada, T. C. Maximov, T. Ohata and Y. Fukushima [2001] "Seasonal Variation in the Energy and Water Exchange Above and Below a Larch Forest in Eastern Siberia," *Hydrological Processes*, 15: 1459–1476.
Ohta, T., T. C. Maximov, A. J. Dolman, T. Nakai, M. K. van der Molen, A. V. Kononov, A. P. Maximov, T. Hiyama, Y. Iijima, E. J. Moors, H. Tanaka, T. Toba, and H. Yabuki [2008] "Interannual Variation of Water Balance and Summer Evapotranspiration in an Eastern Siberian Larch Forest over a 7-year Period (1998–2006)," *Agricultural and Forest Meteorology*, 148: 1941–1953.
Shimoyama, K., T. Hiyama, Y. Fukushima and G. Inoue [2003] "Seasonal and Interannual Variation in Water Vapor and Heat Fluxes in a West Siberian Continental Bog," *Journal of Geophysical Research*, 108(D20): 4648, doi: 10. 1029/2003JD003485.
——— [2004] "Controls on Evapotranspiration in a West Siberian Bog," *Journal of Geophysical Research*, 109(D08): D08111, doi: 10. 1029/2003JD004114.
Shimoyama, K. [2005] "Seasonal and Interannual Variation in Energy and Carbon Dioxide Fluxes in a West Siberian Bog," Ph. D. dissertation, Nagoya University, 105pp.

Sugimoto, A., N. Yanagisawa, D. Naito, N. Fujita and T. C. Maximov [2002] "Importance of Permafrost as a Source of Water for Plants in East Siberian Taiga," *Ecological Research*, 17: 493–503.

Sugimoto, A., D. Naito, N. Yanagisawa, K. Ichiyanagi, N. Kurita, J. Kubota, T. Kotake, T. Ohata, T. C. Maximov and A. N. Fedorov [2003] "Characteristics of Soil Moisture in Permafrost Observed in East Siberian Taiga with Stable Isotopes of Water," *Hydrological Processes*, 17: 1073–1092.

第5章

北野康［2009］『水の科学』第3版，日本放送出版協会.

高倉浩樹［2008］「ポスト社会主義下における牧畜生産の市場経済適応過程とその文化的位相——東シベリア・サハ人の牛馬飼養文化の変容」，高倉浩樹・佐々木史郎編『ポスト社会主義人類学の射程』国立民族学博物館調査報告78，国立民族学博物館，501–534頁.

チェーホフ，アントン［2009］『シベリアの旅　サハリン島』チェーホフ全集12，松下裕訳，ちくま文庫.

ピルー，E. C.［2001］『水の自然誌』古草秀子訳，河出書房新社.

Khabarova, M. [1981] *Narodnoe iskusstvo Iakutii*, Yakutsk: Khudozhnik RSFSR.

Sidorov, B. I. and M. M. Tiaptirgianov [2004] *Presnovodnye ryby: zemnovodnye i presmykaiushchiesia Iakutii,* Yakutsk: Bichik.

Vasil'ev, P. and I. Fedorov [1998] *Oiuu tyldyt*, Yakutsk: Bichik.

第6章

Federal'naya sluzhba gosudarstvennoi statistiki [2009] *Sel'skoe khozyaistvo, okhota, i lesovodstvo v Rossii 2009. Statisticheskii sbornik,* Moscow: Statistika Rossii.

Klokov, K. B. and S. A. Khrushchev [2006] "Olenevodcheskoe khaziaistvo korennykh narodov Severa Rossii," in V. I. Molodin and V. A. Tishkov eds., *Mezhetnicheskie vzaimodeistviya i sotsiokul'turnaia adaptatsiia narodov Severa Rossii*, Moscow: Strategiia, pp.13–33.

Murashko, O. [2009] "Promyshlennoe razvitie Artkiki v usloviiakh izmeneniia klimata-novyi vyzov dlya korennykh narodov. Prigotovleno k V Sammitu liderov korennykh narodov Arkticheskikh stran."（手稿）

National Statistical Office of Mongolia [2006] *Mongolian Statistical Yearbook*, Ulaan-

baatar.
——— [2007] *Mongolian Statistical Yearbook*, Ulaanbaatar.
Osipov, V. A. [1995] *Purovskii raion. Atlas delovogo cheloveka*, Tyumen': Russkoe geograaicheskoe obshchestvo, Tyuminskii otdel.
Reuters [2009] "Russian Arctic Tribe at Risk from Yamal Gas Projects, 6 October." http://www.reuters.com/article/idUSTRE5953ZB20091006/
Sergeev, M. A. [1955] *Nekapitalisticheskii put' razvitiia malykh narodov Severa*, Moscow and Leningrad: AN SSSR.
Wilvevadet, B. and K. Klokov [2004] *Semienye osnovy olenevodchesko-promyslovogo khoziaistva. Sostoianie i upravlenie populatsiyami dikogo severnogo olenya /karibu/*, Tromso: Nordic.

第7章

池田透［1996］「サハ共和国エヴェノ・ブイタンタイスキー地区における毛皮獣狩猟と猟獣管理」，齋藤晨二編『シベリアへのまなざし（シベリア牧畜民の民族学的研究）』文部省科学研究費国際学術研究（学術調査）研究成果報告書，127–136頁.
エルトン，チャールズ・S.［1958＝1971］『侵略の生態学』川那部浩哉他訳，思索社.
松井健［1998］「マイナー・サブシステンスの世界——民俗世界における労働・自然・身体」，篠原徹編『民族の技術』朝倉書店.
Alekseev, V. G. [2003] *Krasnaia kniga Respublika Sakha (Iakutiia)*, Yakutsk: Sakhapoligrafizdat.
Grzimek, B. [1975] *Grzimek's Animal Life Encyclopedia: Mammals*, New York.
Ikeda, T. [2003] "Present Situation of Furbearer Hunting in Northern Yakutia: Turning Point of Traditional Hunting Activities," in H. Takakura ed., *Indigenous Ecological Practices and Cultural Traditions in Yakutia*, Northern Asian Studies Series 6, Sendai: Center for Northeast Asian Studies, Tohoku University, pp.77–88.
Lindemann, W. [1956] "Transplantation of Game in Europe and Asia," *Journal of Wildlife Management*, 20(1): 68–70.
Long, J. L. [2003] *Introduced Mammals of the World: Their History, Distribution and Influence*, Collingwood: CSIRO Publishing.
Niethammer, G. [1963] *Die Einbürgerung von Säugetieren und Vögeln in Europa*, Humburg und Berlin: Verlag Paul Parey.

第8章
久保義光［1980］『氷工学序説』氷工学刊行会.
近藤純正・三枝信子・渡辺力・山崎剛・桑形恒男・木村富士男［1994］『水環境の気象学』朝倉書店.
Federal Road Agency of Russian Federation [1998] "Instructions on Design, Construction and usage of ice passages, Road Standard Highways of common use ODN 218.010–98."

第9章
池上二良［1989a］「ツングース諸語」，亀井孝・河野六郎・千野栄一編『言語学大辞典』第2巻，三省堂，1058–1083頁.
———［1989b］「東北アジアの言語分布の変遷」，三上次男・神田信夫編『東北アジアの民族と歴史』民族の世界史3，山川出版社，140–161頁.
江畑冬生［2006］『サハ語文法——テキストと練習問題』東京外国語大学アジア・アフリカ言語文化研究所.
———［2009］「サハ語の世界」［中川監修 2009：86–103］.
小野智香子［2009］「イテリメン語の世界」［中川監修 2009：66–85］.
風間伸次郎［2009］「東北アジアの言語」，岡洋樹他編『東北アジア』朝倉世界地理講座2，朝倉書店，231–242頁.
栗林均［1992a］「ブリヤート語」，亀井孝・河野六郎・千野栄一編『言語学大辞典』第3巻，三省堂，814–827頁.
———［1992b］「モンゴル諸語」，亀井孝・河野六郎・千野栄一編『言語学大辞典』第4巻，三省堂，517–526頁.
丹菊逸治［2009］「ニブフ語の世界」［中川監修 2009：30–47］.
永井佳代［2009］「エスキモー語の世界」［中川監修 2009：124–145］.
中川裕監修［2009］『ニューエクスプレス・スペシャル——日本語の隣人たち』白水社.
長崎郁［2009］「ユカギール語の世界」［中川監修 2009：104–123］.
服部健［1988］「ギリヤーク語」，亀井孝・河野六郎・千野栄一編『言語学大辞典』第1巻，三省堂，1408–1414頁.
林徹［2000］「チュルク系諸言語」，「ユーラシア周縁部チュルク系諸言語の調査研究」. http://www.gengo.l.u-tokyo.ac.jp/hayasi/PeriTurk/language.html（2010年9月　取得）
藤代節［2008］「北東アジアのチュルク諸語研究——日本からそそぐ北東アジアへの眼差

し」,『北東アジア研究』島根県立大学北東アジア地域研究センター，別冊1：67–84頁.
松村一登［2003］「ウラル諸語の話者人口」,「ウラル系の言語と文化のページ」. http://www.kmatsum.info/index.html（2010年9月取得）
宮岡伯人［1978］『エスキモーの言語と文化』弘文堂.
Comrie, B.［1981］*The Languages of the Soviet Union*, Cambridge: Cambridge University Press.
Federal'naia sluzhba gosudarstvennoi statistiki（FSGS）［2004］"4.3. Population by Nationalities and Knowledge of Russian," 2002 All-Russia Population Census. http://www.perepis2002.ru/index.html?id=87（2010年9月取得）
Janhunen, J. ed.［2003］*The Mongolic Languages*, Routledge Language Family Series 5, London and New York: Routledge.
Janhunen, J.［2003］"Khamnigan Mongol,"［Janhunen ed. 2003：83–101］.
Khelimskii, E. I.［1993］"Sel'kupskii iazyk,"［Maitinskaia ed. 1993：356–372］.
Lewis, M. P. ed.［2009］"Ethnologue: Languages of the World." http://www.ethnologue.com/web.asp（2010年10月取得）
Maitinskaia, K. E. ed.［1993］*Iaziki mira: Ural'skie iazyki*, Moscow: Nauka.
Rombandeeva, E. I.［1993］"Mansiiskii iazyk,"［Maitinskaia ed. 1993：283–301］.
Salminen, T.［2009］"Uralic (Finno-Ugrian) languages." http://www.helsinki.fi/~tasalmin/fu.html(2010年9月取得)
Skribnik, E.［2003］"Buryat,"［Janhunen ed. 2003：102–128］.
Tsumagari, T.［2009］"Grammatical Outline of Uilta (Revised)," *Journal of the Graduate School of Letters*, Hokkaido University, 4: 1–21.

第10章

エリアーデ，ミルチャ［1968＝2004］『シャーマニズム——古代的エクスタシー技術』上・下，堀一郎訳，ちくま学芸文庫.
斎藤君子［1993］『シベリア民話への旅』平凡社.
————［2010］「シベリアの神話とはなにか」,『なろうど』60: 16–26.
ハルヴァ，ウノ［1938＝1971］『シャマニズム——アルタイ系諸民族の世界像』田中克彦訳，三省堂.
フィンダイゼン，ハンス［1957＝1977］『霊媒とシャマン』和田完訳，冬樹社.
ホッパール，ミハーイ［1994＝1998］『図説　シャーマニズムの世界』村井翔訳，青土社.

メンヒェン=ヘルフェン，オットー［1931＝1996］『トゥバ紀行』田中克彦訳，岩波文庫.
山下宗久［2001］「サハ（ヤクート）の英雄叙事詩」，荻原眞子代表『ユーラシア諸民族の叙事詩研究（1）　テキストの梗概と解説』千葉大学大学院社会文化科学研究科，68–78頁.
Anderson, W. [1923] *Nordasiatische Flutsagen*, Dorpat: C. Mattiesen.
Bogoras, W. G. [1904–09] *The Chukchee*, Leiden: E. J. Brill.
Czaplicka, M. A. [1914] *Aboriginal Siberia: A Study in Social Anthropology*, Oxford: Clarendon Press.
Doerfer, G. Hrsg. [1983] *Sibirische Märchen, 2. Bd. Tungusen und Jakuten, (Die Märchen der Weltliteratur)*, Köln: Eugen Diederichs Verlag.
Findeisen, H. [1970] *Dokumente urtümlicher Weltanschauung der Völker Nordeurasiens*, Oosterhout: Anthropological Publications.
Lepp, T. [2004] "Urban Shamanism," in M. N. Walter and E. J. N. Fridman eds., *Shamanism: An Encyclopedia of World Beliefs, Practices, and Culture, Vol. 1*, Santa Barbara: ABC-CLIO, pp.265–266.
von Middendorff, A. T. [1875] *Die Eingeborenen Sibiriens*, St. Petersburg: Buchdruckerei der Kaiserlichen Akademie der Wissenschaften.
Ohlmarks, Å. [1939] *Studien zum Problem des Schamanismus*, Lund: Gleerup & Munksgaard.
Paulson, I. [1958] *Die primitiven Seelenvorstellungen der nordeurasischen Völker*, Stockholm: The Ethnographical Museum of Sweden.
——— [1961] *Schutzgeister und Gottheiten des Wildes (der Jagdtiere und Fische) in Nordeurasien*, Stockholm: Almqvist & Wiksell.
Schmidt, W. [1954] *Der Ursprung der Gottesidee, Bd. 11*, Münster: Aschendorffsche Verlagsbuchhandlung.
Steller, G. W. [1774] *Beschreibung von dem Lande Kamtschatka*, Frankfurt: Johann Georg Kleischer.
張敏杰［2008］『赫哲族漁猟文化遺存』哈爾浜：黒竜江人民出版社.
凌純聲［1934］『松花江下游的赫哲族』南京：國立中央研究院歴史語言研究所.

終章

伊谷純一郎［1982］『大干魃――トゥルカナ日記』新潮社.
福田正己［1996］『極北シベリア』岩波新書.

ホフマン，スザンナ・M.他編［2006］『災害の人類学――カタストロフィと文化』若林佳史訳，明石書店．
宮岡伯人［1978］『エスキモーの言語と文化』弘文堂．
Bakes, F. [2008] *Sacred Ecology*, 2nd edition, New York and London: Rutledge.
Folke, C. et al. [2002] *Resilience and Sustainable Development: Building Adaptive Capacity in a World of Transformations*, Stockholm: Environmental Advisory Council.
Forbes, B. C. and F. Stammler [2009] "Arctic climate change discourse: the contrasting politics of research agendas in the West and Russia," *Polar Research*, 28: 28–42.
Krupnik, I. and D. Jolly [2002] *The Earth is Faster Now: Indigenous Observation of Arctic Environmental Change*, Fairbanks: Arctic Research Consortium of the United States.
Sommerkorn, M. and S. J. Hassol eds. [2009] "Arctic Cliamate Feedbacks: Global Implication," WWF International Arctic Programme. http://assets.panda.org/downloads/wwf_arctic_feedbacks_report.pdf（2010年7月取得）

極寒《ごっかん》のシベリアに生きる――トナカイと氷と先住民

2012年4月10日　初版第1刷発行©
2022年4月10日　初版第2刷発行

編　者＝高倉浩樹
発行所＝株式会社 新 泉 社
〒113-0034　東京都文京区湯島1－2－5　聖堂前ビル
TEL 03(5296)9620　FAX 03(5296)9621

印刷・製本　萩原印刷
ISBN978-4-7877-1112-0　C1039　Printed in Japan